# सीप के मोती

# सीप के मोती

*मैं सारी रौशनाई दोस्ती के नाम करता हूँ*
*यही इक काम आता यही इक काम करता हूँ*

**सम्पादक**

**मुनव्वर राना**

**लिप्यंतरण**

**मोहम्मद नौशाद**

**भूमिका**

**जानकीप्रसाद शर्मा**

वाणी प्रकाशन

प्रकाशन के उत्कृष्टतम 63 वर्ष

vaniprakashan.com

सजिल्द पहला संस्करण : 2026

वाणी प्रकाशन

4695, 21-ए, दरियागंज, नयी दिल्ली-110 002

फ़ोन : + 91 11 23273167, 23275710

**शाखाएँ**

अशोक राजपथ, पटना-800 004, बिहार

कॉफ़ी हाउस कैम्पस, महात्मा गांधी मार्ग, प्रयागराज-211 001, उत्तर प्रदेश

महात्मा गांधी अन्तरराष्ट्रीय हिन्दी विश्वविद्यालय, वर्धा-442 001, महाराष्ट्र

sales@vaniprakashan.in

vaniprakashan@gmail.com

Seep Ke Moti

*Edited by* Munawwar Rana

*Transliteration by* Mohammad Naushad

ISBN : 978-93-6944-018-4

Gazal Collection



मूल्य : ₹ 600



आर. टेक ऑफ़सेट, दिल्ली-110 032 में मुद्रित

वाणी प्रकाशन का लोगो मक़बूल फ़िदा हुसैन की कूची से

# उर्दू शाइरी का गुलदस्ता

मुनव्वर राना (1954-2024) की शाइरी में उर्दू और हिन्दी का साझा आँगन है। इसमें भाषायी विद्वेष से प्रेरित विभाजन की दीवार नहीं है। उनकी अभिव्यक्ति में दोनों ज़बानों के मुहावरे गले मिलते हैं। हम हिन्दी व उर्दू के रिश्तों की बात करते हुए अक्सर कहते हैं कि दोनों में बोलचाल की सतह पर कोई असुविधाजनक अन्तर नहीं है, लेकिन लेखन की सतह पर अभिव्यक्ति में दोनों जगह दूरियाँ नज़र आती हैं। मुनव्वर राना की ग़ज़लों को उर्दू शाइरी के उस हिस्से की मिसाल के बतौर पेश किया जा सकता है जहाँ शे'र के सौन्दर्य को क़ायम रखते हुए ये दूरियाँ अदृश्य हो जाती हैं। शाइरी की ज़बान को बोलचाल की ज़बान के इतने समीप ले आना कि जिसे लिपि भेद के साथ हिन्दी और उर्दू दोनों कहा जा सके, मुनव्वर राना के शे'री इज़हार की ख़ासियत है। यह संयोग नहीं है कि उनका पहला संग्रह 'ग़ज़ल गाँव' हिन्दी में प्रकाशित हुआ। तदुपरान्त हिन्दी में उनके 'बदन सराय', 'माँ' और 'घर अकेला हो गया' संग्रह भी आये। उर्दू में उनके संग्रह 'बग़ैर नक़्शे का मकान' (2001), 'कहो जिल्ले इलाही से' (2001), 'चेहरे याद रहते हैं' (2007) और 'जंगली फूल' आदि बाद में मंज़रे–आम पर आये। उनके देवनागरी में प्रकाशित संग्रहों की संख्या उर्दू से ज़्यादा है। उन्हें यह कहने का हक़ जाता है :

लिपट जाता हूँ माँ से और मौसी मुस्कुराती है
मैं उर्दू में ग़ज़ल कहता हूँ हिन्दी मुस्कुराती है

'सीप के मोती' किताब जैसा कि नाम से ध्वनित है, उर्दू शाइरी की क़रीब पाँच सौ वर्षों की समृद्ध परम्परा से चुने गये बहुमूल्य मोतियों का सुरुचिपूर्ण संचयन है। इसकी उपयोगिता एवं महत्त्व के अनेक आयाम हैं। हालाँकि इसमें शे'रों का चयन रचनाकालक्रमानुसार नहीं किया गया है, लेकिन इस चयन में उर्दू ग़ज़ल की तमाम रंगतों और लगभग सभी बाकमाल शाइरों की नुमाइंदगी का पूरा ख़याल रखा गया है।

इन शे'रों से गुज़रते हुए पाठक उर्दू शाइरी के विकास की विभिन्न मंज़िलों की एक रूपरेखा अपने ज़ेहन में बना सकते हैं। विदित है कि 19वीं सदी के अन्त और 20वीं सदी के आरम्भ तक उर्दू शाइरी का इतिहास एक तरह से ग़ज़ल का ही इतिहास रहा है। इस तथ्य को समझने में यह किताब मददगार साबित होती है।

यहाँ हमें रेख़्ता की बुनियाद डालने वाले शाइर वली दकनी (1648-1744) के शे'र मिलेंगे। वली जिन्हें उर्दू शाइरी का बाबा आदम भी कहा जाता है। फिर मीर तक़ी 'मीर', सौदा और ख़्वाजा मीर दर्द का दौर आता है। ग़ालिब, मोमिन, ज़ौक़, आतिश, नासिख़, मुसहफ़ी और मीर अनीस के साथ ग़ज़ल का कारवाँ आगे बढ़ता है। अनीस मुख्यत: मर्सिए के शाइर हैं, पर ग़ज़ल का दामन भी उन्होंने नहीं छोड़ा। कहा जाता है कि ग़ज़ल कहे बग़ैर कोई पूरा शाइर नहीं कहलाता। इसी सिलसिले में आगे हाली, दाग़, इक़बाल, चकबस्त, दयाशंकर, नसीम और सीमाब अकबराबादी के नवोन्मेष के स्वर सुनाई देते हैं। इसी दौर में अकबर इलाहाबादी के तंज़ो-मिज़ाह का एक नया आयाम ग़ज़ल में जुड़ता है। बीसवीं सदी के तीसरे दशक में जिगर, जोश, फ़िराक़, हसरत मोहानी के यहाँ स्वाधीनता संग्राम और भारतीय नवजागरण के स्वर ग़ज़ल में सुनाई देते हैं। इसी बुनियाद पर चौथे दशक में तरक़्क़ीपसन्द तहरीक खड़ी होती है। तरक़्क़ीपसन्द शाइरों का अस्ल मैदान नज़्म का है, लेकिन उनके यहाँ ग़ज़ल की मौजूदगी भी बनी रही। यहाँ हम फ़ैज़, अली सरदार जाफ़री, कैफ़ी आज़मी, मजरूह और साहिर लुधियानवी के शे'रों से रूबरू हो सकते हैं। फिर जदीदियत का दौर आता है। जदीद शाइरी की बानगी हम अहमद फ़राज़, शह्रयार, बशीर बद्र, ज़ुबैर रिज़वी, इफ़्तिख़ार इमाम और शीन काफ़ निज़ाम के शे'रों में जाबजा देख सकते हैं। जदीद शाइरी के बाद की पीढ़ी में फ़रहत एहसास, नोमान शौक़, शहनाज़ नबी, आलम ख़ुर्शीद जैसे ग़ज़ल के शायर आते हैं जो वैश्वीकरण से उत्पन्न सामाजिक सवालों से सामना कराते हैं। इसी पीढ़ी में चयनकर्ता मुनव्वर राना का शुमार किया जाता है जिनके शे'रों से हम यहाँ आनन्दित हो सकते हैं। युवा और युवतर पीढ़ी के शाइरों को भी यहाँ नज़रअन्दाज़ नहीं किया गया है। इनमें से अभिषेक शुक्ल और शारिक़ कैफ़ी ख़्वाज़ा शिल्प के साथ प्रस्थान करते हैं और ग़ज़ल विधा की रिवायत में कुछ नये आयाम जोड़ते हैं। इस संक्षिप्त विवरण से यह अनुमान किया जा सकता है कि प्रस्तुत संचयन ग़ज़ल को मद्दे-नज़र रखते हुए बहुत सूझ-बूझ के साथ तैयार किया है। यह बात ध्यान में रहे कि ऊपर हमने तमाम संकलित शाइरों का नामोल्लेख नहीं किया है, हमारा उद्देश्य ग़ज़ल की परम्परा को रेखांकित करना रहा है।

सांस्कृतिक दृष्टि से भी इस किताब का विशेष महत्त्व है, यह एक सच्चाई है कि देश विभाजन हुआ, लेकिन उर्दू ज़बान विभाजित नहीं हुई, इस ज़बान की रचनाशीलता अटूट और विभाज्य बनी रही। फ़ैज़ जितने पाकिस्तान के शाइर हैं, उतने ही भारत के। कहानी विधा में यही बात मंटो को लेकर है। जब हम उर्दू शे'रो-अदब की बात करते हैं तो समूचे भारतीय उपमहाद्वीप की सर्जनात्मकता पर हमारी नज़र रहती है और रहनी भी चाहिए। इसलिए मुनव्वर राना ने फ़ैज़, अहमद नदीम क़ासमी, इफ़्तिखार आरिफ़, क़तील शिफ़ाई, परवीन शाकिर, वज़ीर आग़ा, हबीब जालिब, नासिर काज़मी, मुनीर नियाज़ी और अहमद मुश्ताक़ के शे'रों को भी इस चयन में उचित जगह दी है।

मुनव्वर राना ने अपनी पसन्द में उर्दू व हिन्दी की साझी रचनात्मकता को भी ध्यान में रखा है। अपने एक शे'र में कहा भी है कि उर्दू व हिन्दी में जो रिश्ता है, वह "कहीं दुनिया की दो ज़िन्दा ज़बानों में नहीं मिलता।" दोनों भाषाओं में काव्य रूपों के परस्पर लेन-देन का एक लम्बा इतिहास रहा है। हिन्दी में ग़ज़ल अब कोई नयी चीज़ नहीं रह गयी है। इसलिए इन मोतियों में नीरज, दुष्यन्त कुमार, रवीन्द्र जैन, बालस्वरूप राही व कुछ अन्य कवियों के मोती भी अपनी आभा बिखेर रहे हैं। पर बात कही जानी चाहिए कि उनकी प्राथमिकता पर उर्दू ग़ज़ल रही है। दरअसल यह उर्दू शाइरी के रंग-रंग के फूलों का गुलदस्ता है।

यह संचयन विषयों की दृष्टि से विविधतापूर्ण और समावेशी है। ऐसे-ऐसे अशआर इसमें मौजूद हैं कि हमें लगेगा कि ये हमारी ज़िन्दगी से कई बार गुज़र चुके हैं। इनमें से कुछ और शे'र निकालकर यहाँ सन्दर्भित करना एक मुश्किल काम है। फिर भी पाठकों की जिज्ञासा के लिए बतौर बानगी चंद अशआर प्रस्तुत हैं :

हम हुए तुम हुए कि मीर हुए
उसकी ज़ुल्फ़ों के सब असीर हुए

**–मीर**

आह को चाहिए इक उम्र असर होने तक
कौन जीता है तिरी ज़ुल्फ़ के सर होने तक

**–ग़ालिब**

कहानी मेरी रूदादे-जहाँ मालूम होती है
जो सुनता है उसी की दास्ताँ मालूम होती है

**–सीमाब**

न समझने की ये बातें हैं न समझाने की
ज़िन्दगी उचटी हुई नींद है दीवाने की

**–फ़िराक़**

हमको मिटा सके ये ज़माने में दम नहीं
हमसे ज़माना ख़ुद है ज़माने से हम नहीं

**–जिगर**

ग़ज़ल उसने छेड़ी मुझे साज़ देना
ज़रा उम्रे-रफ़्ता को आवाज़ देना

**–सफ़ी लखनवी**

गुलों में रंग भरे बादे-नौबहार चले
चले भी आओ कि गुलशन का कारोबार चले

**–फ़ैज़**

लोग टूट जाते हैं एक घर बनाने में
तुम तरस नहीं खाते बस्तियाँ जलाने में

**–बशीर बद्र**

कभी किसी को मुकम्मल जहाँ नहीं मिलता
कहीं ज़मीं तो कहीं आस्माँ नहीं मिलता

**–निदा फ़ाज़ली**

कुछ यादगारे-शहरे-सितमगर ही ले चलें
आये हैं इस गली में तो पत्थर ही ले चलें।

**–नासिर काज़मी**

इस किताब से एक तथ्य की एक बार और पुष्टि हो जाती है कि जो शे'र शहीद रामप्रसाद बिस्मिल के नाम से प्रचारित कर दिया गया है, वह दरअसल बिस्मिल अज़ीमाबादी का है। यहाँ बिस्मिल अज़ीमाबादी के नाम से ही यह शे'र दर्ज है।

सरफ़रोशी की तमन्ना अब हमारे दिल में है
देखना है ज़ोर कितना बाज़ु-ए-क़ातिल में है।

उम्मीद ही नहीं पूरा यक़ीन है कि यहाँ संकलित शे'र हिन्दी पाठकों के लिए जीवन के अलग-अलग अवसरों पर उपयोगी साबित होंगे और उनके हृदय में उर्दू शाइरी की रिवायत से एक आत्मीय लगाव पैदा कर सकेंगे। आमीन।

**–जानकीप्रसाद शर्मा**
jphindiurdu@gmail.com

कोई सूरज बनाता है कोई जुगनू बनाता है
मगर वैसा नहीं बनता जैसा तू बनाता है

**अतीक़ इलाहाबादी**

आईना देख के ये देख सँवरने वाले
तुझपे बेजा तो नहीं मरते हैं मरने वाले

**रशीद रामपुरी**

फिर कहोगे तुम मुक़ाबिल को सज़ा के वास्ते
आईने को हाथ से रख दो ख़ुदा के वास्ते

**क़मर जलालवी**

गंदुम ने हमें अर्श-ए-बरी का नहीं रखा
लेकिन ग़म गंदुम ने कहीं का नहीं रखा

**नामालूम**

सादात नज़र गर्दिश-ए-हालात हो गए
हालात जिनके सुधरे वो सादात हो गए

**नामालूम**

ईता-ए-जली मेरी ग़ज़ल में भी निकाली
ज़ालिम ने कमी ताजमहल में भी निकाली

**मुज़फ़्फ़र हनफ़ी**

कल शब दिल-ए-आवारा को सीने से निकाला
ये आख़िरी काफ़िर भी मदीने से निकाला

**इक़बाल साजिद**

उनके होंठों पे मुहब्बत का फ़साना आया
बुझ गए हम तो चराग़ों का ज़माना आया

**शायर लखनवी**

आईना देखना कभी ज़ुल्फ़ें सँवारना
ये है किसी का नाम ना लेकर पुकारना

**शौक़ असरी**

जिस जगह बैठे हैं बादीदा नम उठे हैं
आज किस शख़्स का मुँह देख के हम उठे हैं

**ज़ौक़**

अल्लाह ने जमाल दिखाया हबीब का
मुँह देखकर उठे थे किसी ख़ुशनसीब का

वो अक्स बन के मेरी चश्म-ए-तर में रहता है
अजीब शख़्स है पानी के घर में रहता है

**बिस्मिल साबरी**

किसी के दिल में किसी की ग़ज़ल में रहता है
वो ख़ुशनसीब हमेशा महल में रहता है

**मुनव्वर राना**

अभी आदाब-ए-नज़र आपको कम आते हैं
आईना हाथ से रख दीजिए हम आते हैं

**ताज भोपाली**

आँखों से मेरे दिल में उतर क्यों नहीं आते
दहलीज़ तक आये हो तो घर क्यों नहीं आते

**एहतिशाम सिद्दीक़ी**

हसीं हुसैन मंज़र हूँ फ़िल्माया गया हूँ
मगर अंधों में दिखलाया गया हूँ

**इस्माईल नज़र**

इतने आँसू तो ना थे दीदा-ए-तर के आगे
अब तो पानी ही भरा रहता है घर के आगे

**मीर हसन**

कुछ अश्क निकल आए मेरे दीदा-ए-तर से
आवारा जो होते हैं निकल जाते हैं घर से

**ग़वास क़ुरैशी**

आँसू जो पी लिए तो पसीना निकल गया
तूफ़ाँ का ज़ोर कम ना हुआ रुख़ बदल गया

**नामालूम**

अश्क-ए-ग़म दीदा पुरनम से सँभाले ना गए
ये वो बच्चे हैं जो माँ बाप से पाले ना गए

**मीर अनीस**

पान ने दाँतों के रुतबे को ज़रा कम कर दिया
आपने ये क्या-किया हीरे को नीलम कर दिया

**नामालूम**

जिस बज़म में साग़र हो ना सहबा हो ना ख़ुम हो
रिंदों को वहाँ फिर भी तसल्ली है कि तुम हो

**औज याक़ूबी**

दिन-भर तो बच्चों की ख़ातिर मैं मज़दूरी करता हूँ
शब को अपनी ग़ैर मुकम्मल ग़ज़लें पूरी करता हूँ

**तनवीर सपरा**

आपसे झुक के जो मिलता होगा
उस का क़द आपसे ऊँचा होगा

**वकील अख़्तर**

बदल गए हैं ज़माने के रंग आलीजाह
ना उड़ सकेगी पुरानी पतंग आलीजाह

**अनवर सदीद**

मैं वही दश्त हमेशा का तरसने वाला
तु तो मगर कौन-सा बादल है बरसने वाला

**साक़ी फ़ारूक़ी**

यहाँ तो ख़ैर वीरानी बहुत है
वहाँ क्या है जहाँ पानी बहुत है

**ज़फ़र गोरखपुरी**

तुम्हारी शान घट जाती कि रुतबा घट गया होता
जो गुस्से से कहा तुमने वही हँसकर कहा होता

**नज़ीर बनारसी**

मेरी ख़लवत में जहाँ गर्द जमी पाई गई
उंगलियों से तेरी तस्वीर बनी पाई गई

**दाराब बानो वफ़ा**

झील अच्छा है कँवल अच्छा है जाम अच्छा है
तेरी आँखों के लिए कौन-सा नाम अच्छा है

**राहत इंदौरी**

बस इक झिझक है यही हाल-ए-दिल सुनाने में
कि तेरा ज़िक्र भी आएगा इस फ़साने में

**कैफ़ी आज़मी**

आपके सामने रूदाद-ए-सितम कहते हैं
लोग जो सोच नहीं सकते वो हम कहते हैं

**रेहाना नवाब**

लहू के रंग को मेहंदी की बू ने छीन लिया
हुआ जवान तो बेटा, बहू ने छीन लिया

**मेराज फ़ैज़ आबादी**

किया था दर्द ने रोशन जो दाग़ छीन लिया
तेरे ख़ुलूस ने हमसे चिराग़ छीन लिया

**शहपर रसूल**

ग़म-ए-तन्हाई से बचना है तो गाते रहना
कौन देखेगा यहाँ शोर मचाते रहना

**अतहर राज़**

दिल की महफ़िल तेरी यादों से सजा दी जाए
हो गई शाम कोई शम्मा जला दी जाए

**वाली आसी**

शम्मा तन्हा की तरह सुबह के तारे जैसे
शहर में एक ही दो होंगे हमारे जैसे

**इरफ़ान सिद्दीक़ी**

सुनते हैं कि मिल जाती है हर चीज़ दुआ से
इक रोज़ तुम्हें माँग के देखेंगे ख़ुदा से

**नामालूम**

दरबार में शाहों के भी सरख़म नहीं करते
दुनिया यही करती है मगर हम नहीं करते

**माइल मलीहाबादी**

बुझने लग जाएँ तो फिर शम-ए जला दी जाएँ
मेरी आँखें मेरे दुश्मन को लगा दी जाएँ

**सलीम कौसर**

सीने पर सौ वार सहे जब दुश्मन की तलवार उठी
हिम्मत उस दिन टूटी जिस दिन आँगन में दीवार उठी

**अहमद रईस आनोलवी**

काश ऐसा कोई काम कर जाऊँ मैं
नाम ज़िन्दा रहे और मर जाऊँ मैं

**ख़लील फ़रीदी**

बुलबुल को फूल फूल को ख़ुशबू पसन्द है
मेरी पसन्द ये कि मुझे तू पसन्द है

**नामालूम**

वाक़िफ़ नहीं तो उस के लबों को कँवल ना लिख
अलफ़ाज़ को ख़िज़ाब लगा कर ग़ज़ल ना लिख

**नामालूम**

इक उम्र का चढ़ा हुआ दरिया उतर गया
बेटे ने पी तो बाप का नशा उतर गया

**इदरीस सदर**

कभी झूठे सहारे ग़म में रास आया नहीं करते
ये बादल उड़ के जाते हैं मगर साया नहीं करते

**नुशूर वाहिदी**

मुहब्बत चाहती है देखना दिल की लगन पहले
ख़ुदा तौफ़ीक़ दे तो बाँध लूँ सर से कफ़न पहले

**फ़िरोज़ निज़ामी**

मेरे ज़ख़्म के लहू से मेरे ज़ख़्म धो रहे हैं
मेरा घर जलाने वाले मेरे साथ रो रहे हैं

**अहमद रईस आनोलवी**

हैरत है किसी हाथ में पत्थर भी नहीं है
और शहर में महफ़ूज़ कोई सर भी नहीं है

**हबीब हाश्मी**

दरो-दीवार पे हसरत से नज़र करते हैं
ख़ुश रहो अहले वतन हम तो सफ़र करते हैं

**वाजिद अली शाह अख़्तर**

कह दो ज़फ़र से दिल्ली के इस कू-ए-यार में
दो-गज़ ज़मीन मिलती है अस्सी हज़ार में

**ज़मीर दरवेश**

शीशा टूटे ग़ल मच जाए
दिल टूटे आवाज़ न आए

**हफ़ीज़ मेरठी**

इश्क़ हो जाए किसी से कोई चारा तो नहीं
सिर्फ मुस्लिम का मुहम्मद पर इजारा तो नहीं

**कुँवर महेन्द्र सिंह बेदी 'सहर'**

तुझ से बिछड़ कर ज़िन्दा हैं
जान बहुत शर्मिंदा हैं

**इफ़्तिख़ार आरिफ़**

एक मुहब्बत काफ़ी है
बाक़ी उम्र इज़ाफ़ी है

**महबूब ख़िज़ाँ**

सीखी नई ज़बान वतन से जुदा हुए
जीने की दौड़ धूप में हम क्या से क्या हुए

**क्यामान अख़्तर**

मैं तो चाहे मर भी जाऊँ तू मगर ज़िन्दा रहे
कारीगर की मौत का क्या है हुनर ज़िन्दा रहे

**शुजाअ ख़ावर**

ख़ूब गोशे मदद के निकाले गए
हमको ठोकर लगी वो सँभाले गए

**इरफ़ान बनारसी**

इतनी तफ़सील में जाने की ज़रूरत क्या है
दो क़दम चल के बता दो कि क़यामत क्या है

**नामालूम**

गद गदाए ना बने हाथ लगाए ना बने
बन के लेटी हो जवानी तो उठाए ना बने

**शाद आरफ़ी**

तलाक़ दे तो रहे हो ग़ुरूर-ओ-क़हर के साथ
मेरा शबाब भी लौटा दो मेरे महर के साथ

**सजनी लखनवी**

जो कम नहीं हैं कभी मैंने उनको कम ना लिखा
ये और बात बहुत सूँ को मुहतरम ना लिखा

**अतहर नफ़ीस**

तुम अपने दिल में मदीने की आरज़ू रखना
फिर उनका काम है ज़ज़्बे की आबरू रखना

**रवीन्द्र जैन**

जो इस शोर से मीर रोता रहेगा
तो हम-साया काहे को सोता रहेगा

**मीर**

मिरे घर में कुहराम होता रहा
मगर मेरा हमसाया सोता रहा

**वाली आसी**

कमाल-ए-ज़ब्त को ख़ुद भी तो आज़माऊँगी
मैं अपने हाथ से उस की दुल्हन सजाऊँगी

**परवीन शाकिर**

इन्सान थे कभी मगर अब ख़ाक हो गए
ले ऐ ज़मीन हम तेरी ख़ुराक हो गए

**मुनव्वर राना**

ख़ातिर से या लिहाज़ से मैं मान तो गया
झूठी क़सम से आपका ईमान तो गया

**दाग़ देहलवी**

उम्र-भर जलने का इतना तो सिला पाएँगे हम
बुझते-बुझते चंद शम-ए तो जला जाएँगे हम

**अहमद नदीम क़ासिमी**

जहाँ तलक भी ये सहरा दिखाई देता है
मेरी तरह से अकेला दिखाई देता है

**शकीब जलाली**

शाम होती है तो सब घर की तरफ़ जाते हैं
जितने दरिया हैं समन्दर की तरफ़ जाते हैं

**अंजुम मलीहाबादी**

ऐसे वैसे कैसे कैसे हो गए
कैसे कैसे ऐसे वैसे हो गए

**नूह नारवी**

करे दरिया ना पुल मिस्मार मेरे
अभी कुछ लोग हैं उस पार मेरे

**महशर बदायुनी**

इक शजर ऐसा मुहब्बत का लगाया जाए
जिसका हम-साए के आँगन में भी साया जाए

**ज़फ़र ज़ैदी**

मैं ही कश्ती भी हूँ, मल्लाह भी, तूफ़ान भी हूँ
और अब डूब रहा हूँ तो परेशान भी हूँ

**शकील गोवालियारी**

आके पत्थर तो मिरे सेहन में दो-चार गिरे
जितने उस पेड़ के फल थे पस-ए-दीवार गिरे

**शकीब जलाली**

दिल को अब यूँ तेरी हर एक अदा लगती है
जिस तरह नशे की हालत में हवा लगती है

**अहमद फ़राज़**

शाम को जिस वक़्त ख़ाली हाथ घर जाता हूँ मैं
मुस्कुरा देते हैं बच्चे और मर जाता हूँ मैं

**राजेश रेड्डी**

कभी कभी तो ये हादिसे भी होते हैं
कि हम भी साथ में बच्चों के ख़ूब रोते हैं

**हसीब सोज़**

ज़ब्त-ए-ग़म हँस हँस के पीना आ गया
हाँ मगर दाँतों तले पसीना आ गया

**निशार अटारी**

अब के हम बिछड़े तो शायद कभी ख़्वाबों में मिलें
जिस तरह सूखे हुए फूल किताबों में मिलें

**अहमद फ़राज़**

तमाम उम्र यही एक जुस्तजू ठहरी
तुझे किसी की मुझे तेरी आरज़ू ठहरी

**शान-अल-रहमान**

जब भी ज़िक्र जाम-ओ-मीना आ गया
मेरी तौबा को पसीना आ गया

**नामालूम**

इक बार ज़िन्दगी में मदीना नसीब हो
फिर उस के बाद चाहे न जीना नसीब हो

**सकलैन हैदर**

ख़ुदा का ज़िक्र ना कर इन उदास लोगों से
ये अहल-ए-दहर हैं रखते हैं आस लोगों से

**साबिर ज़फ़र**

जब कभी ताज़ा मज़ारों पर चिराग़ाँ करना
एक टूटी हुई तुर्बत पे भी एहसाँ करना

**नामालूम**

दामन जो आँसुओं से मिरा नम नहीं हुआ
दुनिया समझ रही है मुझे ग़म नहीं हुआ

**शबीना अदीब**

यहाँ किसी को भी कुछ हस्ब-ए-आरज़ू न मिला
किसी को हम ना मिले और हमको तू न मिला

**ज़फ़र इक़बाल**

तमाम जिस्म ही घायल था घाव ऐसा था
कोई ना जान सका रख-रखाव ऐसा था

**कृष्ण बिहारी नूर**

तमाम उम्र तिरा इंतिज़ार हमने किया
इस इंतिज़ार में किस-किस से प्यार हमने किया

**हफ़ीज़ होशियारपुरी**

हमीं से अपनी सदा हमकलाम होती रही
ये तेग़ अपने लहू में नयाम होती रही

**फ़ैज़**

तख़्त-ए-दार मुहब्बत की सज़ा ठहरी है
जान लेना मेरे क़ातिल की अदा ठहरी है

**अर्शी भोपाली**

ये दौर वो है किसी को क़बूल कोई नहीं
लहूलुहान सभी हैं रसूल कोई नहीं

**शकील आज़मी**

किसी बदन की हवस का शिकार होना है
मैं पैरहन हूँ मुझे तार-तार होना है

**एजाज़ अफ़ज़ल**

कितने अवतार हुए कितने पयम्बर आये
तू ना आया तेरे पैग़ाम बराबर आये

**कृष्ण बहादुरी नूर**

जनाब-ए-शेख़ से कह दो अगर समझाने आए हैं
कि हम दैर-ओ-हरम होते हुए मयख़ाने आए हैं

**हैरत गोंडवी**

अब के इस बज़्म में कुछ अपना पता भी देना
पाँव पर पाँव जो रखना तो दबा भी देना

**ज़फ़र इक़बाल**

जब हवा शब को उड़ाती हुई गेसू आई
मुद्दतों अपने बदन से तिरी ख़ुशबू आई

**मुस्तफ़ा ज़ैदी**

आंधी चली तो नक़्श-ए-कफ़-ए-पा नहीं मिला
दिल जिससे मिल गया वो दुबारा नहीं मिला

**मुस्तफ़ा ज़ैदी**

बाद बाँ खुलने से पहले का इशारा देखना
मैं समंदर देखती हूँ तुम किनारा देखना

**परवीन शाकिर**

काजल से मेरा नाम ना लिखिए किताब पर
कुछ लोग जल न जाएँ कहीं इंतिख़ाब पर

**मुनव्वर राना**

रोशनी सुबह के टूटे हुए तारों में नहीं
ज़िन्दगी ढूँढ़ मगर जा के मज़ारों में नहीं

**बेहज़ाद लखनवी**

हालात के क़दमों पे क़लंदर नहीं गिरता
टूटे भी जो तारा तो ज़मीं पर नहीं गिरता

**क़तील शिफ़ाई**

जैसे जैसे दिन गुज़रते जा रहे हैं
सब पुराने ज़ख़्म भरते जा रहे हैं

**वाली आसी**

देख सकता हूँ ना साक़ी को ना मयख़ाने को
आख़री दौर है भर दे कोई पैमाने को

**कौसर लखनवी**

वक़्त-ए-रुख़्सत ना मुझे दीदा तर से देखो
इक मुजाहिद को मुजाहिद की नज़र से देखो

**एहसान दरभंगवी**

हिसाब-ए-ज़ीस्त का इतना ही गोशवारा है
तुम्हें निकाल के देखा तो सब ख़सारा है

**अमजद इस्लाम अमजद**

यूँ तेरा ज़िक्र कभी मेरी ग़ज़ल में आए
जैसे बिल्क़ीस सुलेमाँ के महल में आए

**नासिर काज़मी**

मौसम अच्छा होता है तो ग़ज़लें अच्छी होती हैं
वक़्त से बारिश हो जाए तो फ़सलें अच्छी होती हैं

**इस्मत मलीहाबादी**

अब तक इक उम्र पर जीने का ना अंदाज़ आया
ज़िन्दगी छोड़ दे पीछा मेरा मैं बाज़ आया

**शाद अज़ीमाबादी**

सिलसिले तोड़ गया वो सभी जाते-जाते
वर्ना इतने तो मरासिम थे कि आते-जाते

**अहमद फ़राज़**

तू ने दीवाना बनाया तो मैं दीवाना बना
अब मुझे होश की दुनिया में तमाशा न बना

**नामालूम**

सारी दुनिया मुझे कहती है कि सौदाई है
अब मिरा होश में आना तेरी रुसवाई है

**नामालूम**

कितने नादान हैं दीवार उठाने वाले
दूर तक जाएँगे हर हाल में जाने वाले

**नामालूम**

रखा है माल चश्म-ए-ख़रीदार से अलग
दिल ने दुकान खोली है बाज़ार से अलग

**जमाल एहसानी**

ऊंचे उन्हें कहाँ तक नीचे मकान वाले
तू ही क़रीब आ जा ऐ आसमान वाले

**बशीर अहमद बशीर**

जिस दिन से लुटा है मेरा घर घर नहीं लगता
दरवाज़ा खुला रहता है और डर नहीं लगता

**ज़मीर दरवेश**

ऐसा तो इत्तिफ़ाक़ मुझे बारहा हुआ
उनसे मिला उन्हीं का पता पूछता हुआ

**अब्दुलबारी आसी**

मौज-ए-सबा को लिखने वाला पैरों की ज़ंजीर लिखे
बात वही है एक ग़ज़ल की मैं लिखूँ या मीर लिखे

**सलीम अहमद**

ये किस ने छेड़ दी मेरी ग़ज़ल पहाड़ों में
पसीने आने लगे पत्थरों को जाड़ों में

**नामालूम**

किसी के ज़हन का बाहर से अंदाज़ा नहीं होता
मगर क्या कीजिए उस घर में दरवाज़ा नहीं होता

**एज़ाज़ अफ़ज़ल**

तर्क-ए-तअल्लुक़ात पे रोया ना तू ना मैं
लेकिन ये क्या कि चैन से सोया ना तू ना मैं

**नामालूम**

हम यूँ तो तिरी याद में रोए भी नहीं हैं
रातों को मगर चैन से सोए भी नहीं हैं

**वाली आसी**

रोने में इक ख़तरा है तालाब नदी हो जाते हैं
हँसना भी आसान नहीं है लब ज़ख़्मी हो जाते हैं

**मुनव्वर राना**

उठा लेता है अपनी एड़ियाँ जब साथ चलता है
वो बौना किस क़दर मेरे क़द-ओ-क़यामत से जलता है

**तनवीर सपरा**

जो सारी रात तुझे याद कर के रोया है
अभी वो धूप निकलने के बाद सोया है

**शमीम जयपुरी**

रोने से और इश्क़ में बेबाक हो गए
धोए गए हम ऐसे कि बस पाक हो गए

**ग़ालिब**

अच्छी पी ली ख़राब पी ली
जैसी पाई शराब पी ली

**रियाज़ ख़ैराबादी**

हंगामा है क्यों बरपा थोड़ी सी जो पी ली है
डाका तो नहीं डाला चोरी तो नहीं की है

**अकबर इलाहाबादी**

कुछ इस अदा से रात वो पहलू-नशीं रहे
जब तक हमारे पास रहे हम नहीं रहे

**नामालूम**

बजा कि है पास-ए-हश्र हमको करेंगे पास-ए-शबाब पहले
हिसाब होता रहेगा या रब हमें मँगा दे शराब पहले

**अख़्तर शीरानी**

शराब छोड़ दी तुमने कमाल है ठाकुर
मगर ये हाथ में क्या लाल लाल है ठाकुर

**राहत इंदौरी**

हमने इक शाम चराग़ों से सजा रखी है
शर्त लोगों ने हवाओं से लगा रखी है

**वाली आसी**

ग़ालिब के बाद जलसा-ए-इक़बाल चाहिए
रोटी मुजाविरों को बहर-ए-हाल चाहिए

**फज़ील जाफ़री**

परिंदे तक नहीं रहते पराए आशियानों में
हमारी उम्र गुज़री है किराए के मकानों में

**मोवल्लिस बरेलवी**

किसी सूरत कोई सूरत निकालो
मुझे बे-मौत मरने से बचा लो

**वकील अख़्तर**

कुछ दोस्त मिल गए हैं यहाँ इत्तिफ़ाक़ से
मिलते हैं वर्ना दोस्त कहाँ इत्तिफ़ाक़ से

**हफ़ीज़ होशियारपुरी**

ऊँची इमारतों का मुक़द्दर बना गईं
वो बारिशें जो मेरे घरौंदे को खा गईं

**जमाल एहसानी**

मुझे सताओ ना इतना कि मैं मुहाजिर हूँ
तमाम उम्र का जागा हुआ मुसाफ़िर हूँ

**मुनव्वर राना**

ज़िन्दगी सहमे मुसाफ़िर की तरह लगती है
ये कराची में मुहाजिर की तरह लगती है

**अनवर जलालपुरी**

ख़ाक उड़ाते हुए सहरा के मुसाफ़िर अच्छे
आप आबाद रहें हम तो मुहाजिर अच्छे

**मुनव्वर राना**

हँसा करो कि उदासी भली नहीं होती
बुझे दिए की कोई ज़िन्दगी नहीं होती

**बशीर फ़ारूक़ी**

हुस्न को चाँद जवानी को कँवल कहते हैं
तेरी सूरत नज़र आए तो ग़ज़ल कहते हैं

**क़तील शिफ़ाई**

ज़रा-सी बात पर दिल से बिगाड़ आया हूँ
बना बनाया हुआ घर उजाड़ आया हूँ

**जमाल एहसानी**

आप कितना ही सँवर जाएँ कमी रहती है
दिल में जो मैल है चेहरे पे जमी रहती है

**नामालूम**

मुफ़लिसी और भूख का उनवान किस ने लिख दिया
मेरे चेहरे पर ये हिन्दोस्तान किस ने लिख दिया

**तशने आलमी**

मूजिद का हुस्न उस की ही ईजाद खा गई
माँ का शबाब कसरत औलाद खा गई

**तनवीर सपरा**

घर लौट के रोएँगे माँ बाप अकेले में
मिट्टी के खिलौने भी सस्ते न थे मेले में

**क़ैसर अलजाफ़री**

इलाज-ए-दर्द दिल तुमसे मसीहा हो नहीं सकता
तुम अच्छा कर नहीं सकते मैं अच्छा हो नहीं सकता

**मुज़फ़्फ़र ख़ैराबादी**

ग़म-ए-हयात ने कितना मुझे सँभाल दिया
किसी ने दिल भी दुखाया तो हँस के टाल दिया

**राज़ इलाहाबादी**

धूल की सूरत दौलत-ए-दुनिया पाँव से लिपटी रखते हैं
सूखी रोटी खाते हैं हम टोपी तिरछी रखते हैं

**इरफ़ान सिद्दीक़ी**

खिले ज़रूर मगर जंगलों में सूख गए
हम ऐसे फूल हैं जो फ़ाइलों में सूख गए

**ख़ावर एजाज़**

हर एक लफ़्ज़ को लहजे की सान पर रख दे
स्याह मिर्च ग़ज़ल की ज़बान पर रख दे

**मुज़फ़्फ़र हनफ़ी**

अच्छा हुआ कि ज़ाद-ए-सफ़र ख़त्म हो गया
अब रास्ते में लुटने का डर ख़त्म हो गया

**क़मर राय बरेलवी**

जल्द भेजूँगा खिलौने भी ज़रा कह देना
अब के बच्चों को मिरे सिर्फ़ दुआ कह देना

**नामालूम**

जिसको देखो वही कहता है कि सौदाई है
मेरी बिगड़ी है तो हर शख़्स की बन आई है

**नामालूम**

इस में कोई शिकवा ना शिकायत ना गिला है
ये भी कोई ख़त है कि मुहब्बत से भरा है

**इफ़्तिख़ार इमाम**

हमें ये देख के कहते हैं आजकल वाले
वो आ गए रविशे मीर की ग़ज़ल वाले

**कलीम आजिज़**

कुछ यादगार-ए-शहर-ए-सितमगर ही ले चलें
आए हैं इस गली में तो पत्थर ही ले चलें

**शककीब जलाली**

किसी को घर मिला हिस्से में या कोई दुकाँ आई
मैं घर में सबसे छोटा था मेरे हिस्से में माँ आई

**मुनव्वर राना**

अगर ऐ नाख़ुदा तूफ़ान से लड़ने का दम-ख़म है
तो कश्ती मत इधर लाना इधर पानी बहुत कम है

**दिवाकर राही**

अब रास्ते में ज़ीस्त मिले या अजल पड़े
तुम सोच कर उठाओ क़दम हम तो चल पड़े

**सहर अंसारी**

रोने से है सुकून ना हँसने से कल पड़े
मेरी तरह जियो तो कलेजा निकल पड़े

**माहिर इलाहाबादी**

मैं तो बुलबुल हूँ मेरा काम है गाते रहना
भूल जाऊँ तो मुझे याद दिलाते रहना

**वाक़िफ़ राय बरेलवी**

रहें ना रिंद ये वाइज़ के बस की बात नहीं
तमाम शहर है दो-चार दस की बात नहीं

**नामालूम**

कभी कभी तो वो इतनी रसाई देता है
कि सोचता है तो मुझको सुनाई देता है

**मंज़ूर हाशमी**

मेरी साँसों में समाया भी बहुत लगता है
और वही शख़्स पराया भी बहुत लगता है

**राहत**

जहालत का मंज़र जो राहों में था
वही बेश-ओ-कम दर्स-गाहों में था

**वकील अख़्तर**

डरते हैं अपनी बढ़ती हुई बे-हिसी से हम
बन जाएँ देवता ना कहीं आदमी से हम

**नामालूम**

अहल-ए-फ़न सब तेरी शोहरत का सबब जानते हैं
कैसे लगती है किताबों में नक़ब जानते हैं

**रवि सक्सेना**

चारागर गर दामन पसारे ही रहे
ग़म हमारे थे हमारे ही रहे

**अहमद रईस आनोलवी**

हर एक शक्ल को दिल से निकाल कर रखा
ये आईना तेरी ख़ातिर सँभाल कर रखा

**शकीब जलाली**

ग़ज़ल में सहल नहीं जाँ निकाल कर रखना
ज़िन्दगी है हमारी सँभाल कर ये रखना

**अबैदुल्लाह अलीम**

कभी धड़ काट लेता हूँ कभी सर काट लेता हूँ
मैं ख़ुद को अपनी चादर के बराबर काट लेता हूँ

**ऐन ताबिश**

रोज़ तारों की नुमाइश में ख़लल पड़ता है
चाँद पागल है अँधेरे में निकल पड़ता है

**राहत इंदौरी**

इस गुल-बदन की बूए क़बा याद आ गई
संदल के जंगलों की हवा याद आ गई

**शकीब जलाली**

ख़ुदा हदबन्दी मेहराब-ओ-मिंबर में नहीं रहता
हमें मालूम है भगवान पत्थर में नहीं रहता

**मुज़फ़्फ़र हनफ़ी**

अंजुमन जगमगाती रहेगी हम यूँ ही दिल जलाया करेंगे
आप बस इतना इक़रार कर लें जैसे आए हैं आया करेंगे

**शहाब लखनवी**

इक गुज़ारिश है बस इतना कीजिए
जब कभी फ़ुर्सत हो आया कीजिए

**मज़हर इमाम**

तेरा चेहरा कितना सुहाना लगता है
तेरे आगे चाँद पुराना लगता है

**कैफ़ भोपाली**

कल चौदहवीं की रात थी शब-भर रहा चर्चा तिरा
कुछ ने कहा ये चाँद है कुछ ने कहा चेहरा तिरा

**इब्न-ए-इंशा**

जंग में क़ीमती फ़ौलाद से क्या होता है
हिम्मतें लड़ती हैं तादाद से क्या होता है

**राहत इंदौरी**

नुमाइश के लिए बालों में ख़ुशबू बाँध लेती है
ज़रूरत आख़िरी मंज़िल पे घुँघरू बाँध लेती है

**शायर जमाली**

चमक रही है परों में उड़ान की ख़ुशबू
बुला रही है मुझे आसमान की ख़ुशबू

**बशीर बद्र**

अच्छे इंसा हो मरीज़ों का ख़्याल अच्छा है
हम मरे जाते हैं तुम कहते हो हाल अच्छा है

**दाग़ देहलवी**

ख़ुद ऐश कर रहे हैं यतीमों के माल पर
तक़रीर कर रहे हैं हराम-ओ-हलाल पर

**यगाना**

बड़े ख़ुलूस से दामन पसारता है कोई
ख़ुदा को गैरो ज़मीं पर उतारता है कोई

**शाज़ तमकेनत**

शिकन शिकन तेरी यादें हैं मेरे बिस्तर की
ग़ज़ल के शे'र नहीं करवटें हैं शब-भर की

**शाज़ तमकेनत**

डरते नहीं ज़ख़्मों से हम दार-ओ-रसन वाले
पत्थर ना उठा हम पर शीशे के बदन वाले

**क़तील शिफ़ाई**

चिराग़ हैं हम जो हमसे माँगोगे अपनी उजरत वही मिलेगी
जलाओगे रोशनी मिलेगी बुझाओगे तीरगी मिलेगी

**एज़ाज़ अफ़ज़ल**

शाने का बहुत ख़ून-ए-जिगर जाए है प्यारे
तब ज़ुल्फ़ कहीं ताबा कमर जाए है प्यारे

**कलीम आजिज़**

उस को तो जीत देखना या हार देखना
मुझको मगर लड़ाई का मयार देखना

**जमाल एहसानी**

दिल की बिसात क्या थी निगाहे-जमाल में
इक आईना था टूट गया देख-भाल में

**सीमाब अकबराबादी**

ये अजब दौर है क्या जाने क्या हो जाए
कल किसे कौन मिले कौन जुदा हो जाए

**बशीर फ़ारूक़ी**

ग़ुर्बत में जवानी का सफ़र काट रहा है
वो अपनी तमन्नाओं का सर काट रहा है

**अक़ील नुमानी**

वो दवा अब कारगर लगता नहीं
और भी जीते मगर लगता नहीं

**लक्ष्मण जूनागढ़ी**

कौन अब घर से निकलता है यहाँ शाम ढले
आदमी छत पे टहलता है यहाँ शाम ढले

**डॉक्टर उर्मिलेश**

भगवान भी बुतख़ानों के अंदर नहीं मिलते
इंसान से परेशान हैं घर पर नहीं मिलते

**मनमोहन शील**

शहर में अब कोई बच्चा नहीं रोने वाला
दाने दाने को तरसता है खिलौने वाला

**शुहूद आलम आफ़ाक़ी**

आरज़ू दामन-ए-उम्मीद कहाँ छोड़ती है
अपने बच्चों को कहीं गोद से माँ छोड़ती है

**बधी सेन शर्मा**

मस्जिद व मन्दिर कलीसा सब में जाना चाहिए
दर कहीं का हो मुक़द्दर आज़माना चाहिए

**नज़ीर बनारसी**

आँखों में रहा दिल में उतर कर नहीं देखा
कश्ती के मुसाफ़िर ने समंदर नहीं देखा

**बशीर बद्र**

किसी किसी को ख़ुदा यूँ ज़वाल देता है
उरुज़ दे के दिलों से निकाल देता है

**शायर जमाली**

दिल-ए-नादाँ कोई महशर ना उठाना इस वक़्त
आ रहा है मेरी बातों में ज़माना इस वक़्त

**जाफ़र शीराज़ी**

हमें झूटी ख़ुशी से ख़ुद को बहलाना भी पड़ता है
मगर फिर शाम को घर लौट के आना भी पड़ता है

**अतीक़ इलाहाबादी**

किसी से हाथ किसी से नज़र मिलाते हुए
मैं बुझ रही हूँ रवादारियाँ निभाते हुए

**शहनाज़ नूर**

ना हमसफ़र है ना रस्ता बता रहा है कोई
मैं जा रहा हूँ कहीं और बुला रहा है कोई

**अब्दुलबारी आसी**

बहुत पानी बरसता है तो मिट्टी बैठ जाती है
ना रोया कर बहुत रोने से छाती बैठ जाती है

**मुनव्वर राना**

बहुत पहले से उन क़दमों की आहट जान लेते हैं
तुझे ऐ ज़िन्दगी हम दूर से पहचान लेते हैं

**फ़िराक़**

चंद साँसों के सिवा कुछ नहीं बीमार के पास
आप क्यों आ गए गिरती हुई दीवार के पास

**अंजुम जबलपुरी**

इतने सितम सहे हैं मुसलसल हयात में
जुगनू की रोशनी से भी डरते हैं रात में

**माहिरूल हमीदी**

जलवों को देखने में दिखाने में रह गया
मेरा वजूद आईना-ए-ख़ाने में रह गया

**इशरत करतपुरी**

बुनियाद के ग़रूर को दीवार खा गयी
घर की कनीज़ बेच के घर-बार खा गयी

**अदम**

साक़िया तंज़ ना कर चश्म-ए-करम रहने दे
मेरे साग़र में अगर कम है तो कम रहने दे

**क़मर मुरादाबादी**

ये माना ज़िन्दगी में ग़म बहुत हैं
हँसे भी ज़िन्दगी में हम बहुत हैं

**मय-कश अकबराबादी**

वाअदे का ऐतबार तो है वाक़ई मुझे
ये और बात है कि हँसी आ गई मुझे

**नख़शब जारचोई**

मौक़ा पास कभी तेरी नज़र ने न दिया
शर्त जीने की लगादी मुझे मरने न दिया

**परवेज़ शाहदी**

हिजाब बन के वो मेरी नज़र में रहता है
मुझी से पर्दा है मेरे ही घर में रहता है

**चन्द्र प्रकाश जौहर**

ये और बात तेरी गली में न आएँ हम
लेकिन ये क्या कि शहर तेरा छोड़ जाएँ हम

**हबीब जालिब**

नहीं हुए थे मेरे तो इसी के हो जाते
किसी के साथ तो रहते किसी के हो जाते

**मुनव्वर राना**

मेरे मरने की भी उनको न ख़बर दी जाए
किसलिए अपनों को तकलीफ़े सफ़र दी जाए

**साहिर होशियारपुरी**

जुनूँ तो है मगर आओ जुनूँ में खो जाएँ
किसी को अपना बनाएँ किसी के हो जाएँ

**शमीम किरहानि**

निगाहें नीची रखते हैं बुलन्दी के निशाँ वाले
उठा कर सर नहीं चलते ज़मीं पर आसमाँ वाले

**तरफ़े क़ुरैशी**

कट गई उम्र यही एक तमन्ना करते
सामने बैठ के हम आपको देखा करते

**तलहा रिज़वी बर्क़**

उन्हें सवाल ही लगता है मेरा रोना भी
अजब सज़ा है जहाँ में ग़रीब होना भी

**अज़ीज़ क़ैसी**

तुम्हारी याद के जब ज़ख़्म भरने लगते हैं
किसी बहाने तुम्हें याद करने लगते हैं

**फ़ैज़**

इश्क़ है तो इश्क़ का इज़हार होना चाहिए
आपको चेहरे से भी बीमार होना चाहिए

**मुनव्वर राना**

देख तो दिल कि जाँ से उठता है
ये धुआँ-सा कहाँ से उठता है

**मीर तक़ी मीर**

जो तू गया था तो तेरा ख़्याल रह जाता
हमारा कोई तो पुरसान-ए-हाल रह जाता

**जमाल एहसानी**

उतरने वाली दुखों की बरात से पहले
चिराग़ बाँट दो बस्ती में रात से पहले

**हज़ीं लुधियानवी**

नातवानी में भी ये किरदार होना चाहिए
अपने ही काँधे पे अपना भार होना चाहिए

**रौनक नईम**

गिनती में बेशुमार थे कम कर दिए गए
हम साथ के क़बीले में ज़म कर दिए गए

**आलमताब तशने**

जैसा तुम चाहोगे वैसा नहीं होने वाला
वर्ना होने को यहाँ क्या नहीं होने वाला

**फ़सीउल्लाह नक़ीब**

गर रहा था आसमाँ से जब सितारा देखते
तुम कमर झुकने से पहले क़द हमारा देखते

**सरदार आसिफ़**

मिरे ख़ुदा मुझे इतना तो मोतबर कर दे
मैं जिस मकान में रहता हूँ उस को घर कर दे

**इफ़्तिख़ार आरिफ़**

लोग टूट जाते हैं एक घर बनाने में
तुम तरस नहीं खाते बस्तियाँ जलाने में

**बशीर बद्र**

इक तेरे सर की क़सम फ़र्क़ सर-ए-मू भी नहीं
जिस क़दर मैं हूँ परेशाँ तेरे गेसू भी नहीं

**दाग़ दहलवी**

हमारी ख़ाक अगर दर-ब-दर भी उड़ती है
तो उस के साथ तुम्हारी ख़बर भी उड़ती है

**शकील गोवालियारी**

वो आदमी नहीं है मुकम्मल बयान है
माथे पे उस के चोट का गहरा निशान है

**दुष्यन्त कुमार**

ख़ुदा भी बाज़ के ऊपर ही मेहरबान रहा
हमेशा अमन का पंछी लहू-लुहान रहा

**रामअवध विश्वकर्मा**

अशआर मेरे यूँ तो ज़माने के लिए हैं
कुछ शेअर फ़क़त उनको सुनाने के लिए हैं

**जांनिसार अख़्तर**

अज़ाब ये भी किसी और पर नहीं आया
तमाम उम्र चले और घर नहीं आया

**इफ़्तिख़ार आरिफ़**

क़रार दिल को सदा जिसके नाम से आया
वो भागा भी तो किसी और काम से आया

**जमाल एहसानी**

मुहब्बत में वफ़ा-दारी से बचिए
जहाँ तक हो अदाकारी से बचिए

**निदा फ़ाज़ली**

कौन आता है यहाँ कोई ना आया होगा
मेरा दरवाज़ा हवाओं ने हिलाया होगा

**कैफ़ भोपाली**

अंदाज़ हू-ब-हू तेरी आवाज़-ए-पा का था
बाहर निकल के देखा तो झोंका हवा का था

**अहमद नदीम क़ासिमी**

मैं ना पूछूँगा कि सामान की क़ीमत क्या है
ये बता जाइए एहसान की क़ीमत क्या है

**अख़्तर नज़्मी**

मुझको क़सीदा लिखना लिखाना नहीं पड़ा
मेरा कोई भी शे'र पुराना नहीं पड़ा

**शमीम फ़रहत**

मासूम था हरीफ़ के लश्कर में आ गया
शहज़ादा इक कनीज़ के चक्कर में आ गया

**अहमद कमाल परवाज़ी**

नज़र में यादों के मंज़र समेट कर रखना
में जैसा छोड़ के आई हूँ वैसा घर रखना

**मल्का-ए-नसीम**

जिस सिम्त नज़र डालिए शोले हैं धुआँ है
मैं ढूँढ़ रहा हूँ कि मिरा मुल्क कहाँ है

**शुहूद आलम आफ़ाक़ी**

रातों के अँधेरे में चौखट पे दिया रखना
इस घर की रिवायत है दरवाज़ा खुला रखना

**इशरत करतपुरी**

तुम्हारी राह में मिट्टी के घर नहीं आते
इसीलिए तो तुम्हें हम-नज़र नहीं आते

**वसीम बरेलवी**

हमारे रूबरू गर आईना हो
बड़ी शर्मिंदगी का सामना हो

**अमीर क़ज़लबाश**

इस मुल्क में ये काम किसी ने नहीं किया
ग़ुर्बत का क़तल-ए आम किसी ने नहीं किया

**हुल्लड़ मुरादाबादी**

तुम्हारी याद की ठंडक भिगो रही थी अभी
नदी के पास कहीं शाम हो रही थी अभी

**शमीम फ़रहत**

आके पत्थर तो मिरे शहर में दो चार गिरे
जितने उस पेड़ के फल थे पस-ए-दीवार गिरे

**शकीब जलाली**

ज़बाँ रसीद की, चेहरा लगान जैसा है
वो सर से पाँव तक हिन्दोस्तान जैसा है

**अहमद कमाल परवाज़ी**

दरवाज़ा चाहता है कि दस्तक मिले कोई
तन्हाइयों का रोना है कब तक मिले कोई

**ख़लील धतपुरी**

यूँ तो हँसते हुए लड़कों को भी ग़म होता है
कच्ची उम्रों में मगर तजुर्बा कम होता है

**वाली आसी**

हवा हो तेज़ तो शाख़ों से पत्ते टूट जाते
ज़रा सी देर में बरसों के रिश्ते टूट जाते हैं

**अनवर जलालपुरी**

तेरी ख़ुशबू का पता करती है
मुझपे एहसान हवा करती है

**परवीन शाकिर**

आरज़ू दामन ही फैलाती रही
फ़स्ल-ए-गुल आती रही जाती रही

**कलीम आजिज़**

यूँ भी होने का पता देते हैं
अपनी ज़ंजीर हिला देते हैं

**बाक़ी सिद्दीक़ी**

किनारे आज कश्ती लग रही है
मुझे हर चीज़ अच्छी लग रही है

**अनवर शऊर**

उड़ती है दिल के फ़र्श पर बीते दिनों की राख
मैं हूँ तेरा ख़्याल है और सिगरटों की राख

**महमूद शाकिर**

ईस्तलाहन बुरे को भला कह दिया
यानी गाली न दी रहनुमा कह दिया

**शाद आरफ़ी**

अहबाब के ख़ुलूस से जब वास्ता पड़ा
शीशा तो मैं नहीं था मगर टूटना पड़ा

**अली अहमद जलीली**

बुझा नहीं था चराग़ों की लौ बढ़ाते हुए
वो चल रहा था मुझे रास्ता बताते हुए

**हैदर आमान हैदर**

ज़मीन काँप उठी, साएबान टूट गया
न जाने किस की सदा थी कि ध्यान टूट गया

**अतुल अजनबी**

चिराग़ धूप का लश्कर बुझाने लगता है
बहुत उजाला उजाले को खाने लगता है

**सरदार आसिफ़**

वो एक एहसान करना चाहता है
मेरा नुक़सान करना चाहता है

**मदन मोहन दानिश**

बुरे दिन हो तो अपनों से भी रिश्ता टूट जाता है
कि जैसे शाख़ से पतझड़ में पत्ता टूट जाता है

**प्रभात शंकर**

यहाँ मज़बूत से मज़बूत लोहा टूट जाता है
कई झूठे इकट्ठे हो तो सच्चा टूट जाता है

**हसीब सोज़**

मसीहा तुझको कैसा लग रहा है
हमें तो ज़ख़्म अच्छा लग रहा है

**शुजाअ ख़ावर**

चिराग़ माँगते रहने का कुछ सबब भी नहीं
अँधेरा कैसे बताएँ कि अब तो शब भी नहीं

**परवीन शाकिर**

हमारे ग़म तिरी पलकों को चूम आए हैं
हम आज फिर तिरी बस्ती में घूम आए हैं

**मुनव्वर राना**

फ़िक्र की दौलत पास है जिस के उसने शे'र हज़ार कहे
अपने पास तो पूँजी कम है मुश्किल से दो-चार कहे

**अगम शर्मा**

चाँदनी में रात-भर सारा जहाँ अच्छा लगा
धूप जब फैली तो अपना ही मकाँ अच्छा लगा

**अनवर जलालपुरी**

हम फ़क़ीरों से जो चाहे वो दुआ ले जाए
फिर ख़ुदा जाने किधर हमको हवा ले जाए

**वाली आसी**

खुली हवा में खुले दफ़्तरों में सूख गए
ये लोग फूल थे जो फ़ाइलों में सूख गए

**ख़ावर एजाज़**

तमन्नाओं में उलझाया गया हूँ
खिलौने दे के बहलाया गया हूँ

**शाद अज़ीमाबादी**

ज़मीर बेचने वालों ने ख़ूब नाम किया
जिसे उरूज पे देखा उसे सलाम किया

**शुहूद आलिम आफ़ाक़ी**

शब-ए-ग़म मेरी शब-ए-ग़म सर-ए-शाम लौट आना
ना कहीं तिरा ठिकाना, ना कहीं मिरा ठिकाना

**नुशूर वाहिदी**

हम सायादार पेड़ ज़माने के काम आए
जब सूखने लगे तो जलाने के काम आए

**मुनव्वर राना**

नज़र का तीर जिगर में रहे तो अच्छा है
ये बात घर की है घर में रहे तो अच्छा है

**दाग़**

बदन में थोड़ा बहुत गर्म ख़ून अब भी है
मैं थक गया हूँ सफ़र का जुनून अब भी है

**सरदार आसिफ़**

सीने में जलन आँखों में तूफ़ान सा क्यों है
इस शहर में हर शख़्स परेशान सा क्यों है

**शहरयार**

किसी सूरत से हो लेकिन तेरा दीदार हो जाए
फिर उस के बाद चाहे ये नज़र बेकार हो जाए

**अज़ीज़ क़ैसी**

तू अगर इश्क़ में बर्बाद नहीं हो सकता
जा तुझे कोई सबक़ याद नहीं हो सकता

**वाली आसी**

दीवाने की नज़रों को जहाँ देख रहा है
दीवाना ख़ुदा जाने कहाँ देख रहा है

**क़मर मुरादाबादी**

सोच रहा हूँ घर आँगन में एक लगाऊँ आम का पेड़
खट्टा खट्टा मीठा मीठा यानी तेरे नाम का पेड़

**अनवर जलालपुरी**

दुनिया के डर से इश्क़ छुपाना गुनाह है
जलता हुआ चिराग़ बुझाना गुनाह है

**ख़ुमार बाराहबंकवी**

तिरे कूचे इस बहाने मुझे दिन से रात करना
कभी इस से बात करना कभी उस से बात करना

**मुसहफ़ी**

कभी मुझे कभी मेरा मकान भूल गया
वो हौले हौले मेरी दास्तान भूल गया

**ख़ावर एजाज़**

एक भूली हुई तारीख़ का उनवान हूँ मैं
आईना देख के याद आया कि इंसान हूँ में

**सईद अख़्तर निज़ामी**

जाने क्यों परछाइयों से इतना घबराता है वो
रास्ते सीधा है लेकिन घूम कर जाता है वो

**सरदार आसिफ़**

इतनी सी बात थी जो पता भी नहीं लगी
क्यों बुझ गए चिराग़ हवा भी नहीं लगी

**भारत भूषण पंत**

मैं अपनी हर तमन्ना ज़िन्दगी से हार बैठा हूँ
मगर इक और बाज़ी के लिए तैयार बैठा हूँ

**खुशबीर सिंह शाद**

है तो अहमक़ चूँकि आलीशान के शाने में है
इसलिए झक मारना भी इसके फ़रमाने में है

**शाद आरफ़ी**

गुलों में रंग भरे बाद-ए-नौ-बहार चले
चले भी आओ कि गुलशन का कारोबार चले

**फ़ैज़**

जुस्तजू जिसकी थी उस को तो न पाया हमने
इस बहाने से मगर देख ली दुनिया हमने

**शहरयार**

देखकर अहल-ए-जहाँ की बेरुख़ी तेरे बग़ैर
हँस रहा हूँ आज मैं पहली हँसी तेरे बग़ैर

**अब्दुलबारी आसी**

अदा से, आड़ में ख़ंजर की, मुँह छुपाए हुए
मिरी क़ज़ा को वो लाए दुल्हन बनाए हुए

**फ़ानी**

ख़मोशी से मुसीबत और भी संगीन होती है
तड़प ऐ दिल तड़पने से ज़रा तसकीन होती है

**शाद अज़ीमाबादी**

वो अब शर्त-ए-गिरफ़्तारी की ये बुनियाद रखेंगे
हमें क़ैदी बनाएँगे मगर आज़ाद रखेंगे

**सलीम कौसर**

हिज्र में तेरे रोते हैं हम अच्छा लगता है
बारिश हो जाए तो मौसम अच्छा लगता है

**वाली आसी**

पत्ता-पत्ता बूटा-बूटा हाल हमारा जाने है
जाने न जाने गुल ही न जाने बाग़ तो सारा जाने है

**मीर तक़ी मीर**

मुफ़लिसी सब बहार खोती है
मर्द का ऐतबार खोती है

**वली दकनी**

अब तो इतनी भी मयस्सर नहीं मयख़ाने में
जितनी हम छोड़ दिया करते थे पैमाने में

**दिवाकर राही**

उम्मीद से कम चश्म-ए-ख़रीदार में आए
हम लोग ज़रा देर से बाज़ार में आए

**शहरयार**

फूल की गोद में तितली मुझको अच्छी लगती है
माँ की गोद में बच्ची मुझको अच्छी लगती है

**सरदार आसिफ़**

नज़र नीची अर्क़ आया हुआ सा
मिला भी वो तो शरमाया हुआ सा

**अब्दुलबारी आसी**

इस बेवफ़ा के प्यार को दिल से निकालिए
जामुन की शाख़ पर कभी झूला न डालिए

**तशने आलमी**

पसपाई की ज़िल्लत का असर काट रहा है
दुश्मन मेरी तस्वीर का सर काट रहा है

**मुहम्मद अली मौज**

मुँह फेर कर वो कहते हैं अब मान जाइए
इस शर्म इस लिहाज़ के क़ुर्बान जाइए

**नून-मीम**

हर एक दर पे झुकाना पड़ा है सर अपना
ख़ुदा करे कि न छूटे किसी से घर अपना

**रईस अंसारी**

क़ीमत तो ख़ूब बढ़ गई शहरों में धान की
लेकिन बिदा न हो सकी बेटी किसान की

**रईस अंसारी**

ये उदासी की फ़िज़ा भंग भी कर सकते हैं
हम इमारत पे नया रंग भी कर सकते हैं

**संजय शौक़**

तुझे भी जाँचते अपना भी इम्तिहाँ करते
कहीं चिराग़ जलाते कहीं धुआँ करते

**मज़हर इमाम**

यूँ भी हम ज़िन्दगी पाएँगे
रात ओढ़ेंगे दिन बिछाएँगे

**नज़र एटवी**

दोनों जहाँ तेरी मुहब्बत में हार के
वो जा रहा है कोई शब-ए-ग़म गुज़ार के

**फ़ैज़**

दिलों में दर्द भरता आँख में गौहर बनाता हूँ
जिन्हें माएँ पहनती हैं मैं वो ज़ेवर बनाता हूँ

**सलीम अहमद**

मुहब्बत से मुकर जाना ज़रूरी हो गया था
पलट कर अपने घर जाना ज़रूरी हो गया था

**रिहाना क़मर**

अगर मरते हुए लब पर न तेरा नाम आएगा
तो मैं मरने से दरगुज़रा, मेरे किसी काम आएगा

**शाद अज़ीमाबादी**

इतना ही सही इतना ही करो इतने ही भोले हो जाओ
हम अपनी कहानी तुमसे कहें तुम सुनते-सुनते सो जाओ

**अब्दुलबारी आसी**

मोहलत न मिली ख़्वाब की ताबीर उठाते
हम मारे गए टूटे हुए तीर उठाते

**सलीम कौसर**

तू तो अपने मशवरों के ज़ख़्म देकर छोड़ दे
मुझको ज़िन्दा किस तरह रहना है मुझ पर छोड़ दे

**राहत इंदौरी**

परखना मत परखने में कोई अपना नहीं रहता
किसी भी आईने में देर तक चेहरा नहीं रहता

**बशीर बद्र**

तेरे ग़म को तिरी चाहत की तरह रखा है
इस अमानत को अमानत की तरह रखा है

**वाली आसी**

शिकवा किया सितम का तो नम दीदा हो गए
तुम तो ज़रा सी बात पर रंजीदा हो गए

**फ़िराक़**

करीम तू है तो मुझ पर भी ये करम कर दे
ख़ुशी बढ़ा दे मेरी और हयात कम कर दे

**फ़िरोज़ मिर्ज़ा**

या-रब रसूल-ए-पाक़ की खेती हरी रहे
संदल से माँग बच्चों से गोदी भरी रहे

**मीर अनीस**

सरफ़रोशी की तमन्ना अब हमारे दिल में है
देखना है ज़ोर कितना बाज़ू-ए-क़ातिल में है

**बिस्मिल अज़ीमाबादी**

आ के पत्थर तो मेरे सेहन में दो-चार गिरे
जितने इस पेड़ के फल थे पस-ए-दीवार गिरे

**शकीब जलाली**

उसकी मोहब्बतों का तरीक़ा कुछ और है
कहता वो मुझसे और है करता कुछ और है

**जमाल एहसानी**

जब मैं दुनिया के लिए बेच के घर आया था
उन दिनों भी मेरे हिस्से में सफ़र आया था

**राहत इंदौरी**

जिस तरह भी तय हुआ ये फ़ासला अच्छा लगा
पहले वो अच्छा लगा फिर आईना अच्छा लगा

**सलीम कौसर**

तेरे दिल में नहीं है कुछ भी मगर
मुझसे नज़रें मिला के बात तो कर

**रेहाना क़मर**

कुछ न सुनने कुछ न कहने की कहानी याद है
आज तक मुझको तिरा चेहरा ज़बानी याद है

**रेहाना रूही**

फ़ैसले लमहात के नसलों पे भारी हो गए
बाप हाकिम था मगर बच्चे भिखारी हो गए

**राहत इंदौरी**

ज़िन्दगी भूल गई अपना पता लौट चलें
जिसको आना था वो आने से रहा लौट चलें

**मज़हर इमाम**

किसी का यूँ तो हुआ कौन उम्र-भर फिर भी
ये हुस्न-ओ-इश्क़ तो धोका है सब मगर फिर भी

**फ़िराक़**

जब हम उजड़ गए तो सँवारा नहीं हमें
माँ की तरह किसी ने पुकारा नहीं हमें

**मुनव्वर राना**

हवा में बाज़ू उड़ानें परों में रखते हैं
हम अपने जिस्म कहाँ बिस्तरों में रखते हैं

**मौज रामपुरी**

हमें भी मीर जैसा कुछ न कुछ सामान करना था
जहाँ के दर्द-ओ-ग़म को जमा कर दीवान करना था

**कौसर मज़हरी**

लोग किताबें नॉवेल और रिसाले पढ़ते हैं
अपना शौक़ अलग है हम तो चेहरे पढ़ते हैं

**अहमद कमाल हश्मी**

अपनी जेब थी ख़ाली ख़ाली क्या करते
ख़ुशपोशी की लाज निभा ली क्या करते

**अंजुम अज़ीमाबादी**

कभी बिल्क़ीस कभी शहर सबा लगती है
शायरी तख़्त-ए-सुलैमाँ से सवा लगती है

**सर्वत हुसैन**

ख़ाक में मिलकर यहाँ सब का यक़ीं रह जाएगा
ऐ मेरे बेटे जवाँ तू भी नहीं रह जाएगा

**वाली आसी**

चमकते लफ़्ज़ सितारों से छीन लाए हैं
हम आसमाँ से ग़ज़ल की ज़मीन लाए हैं

**राहत इंदौरी**

हमारी बात में इतना भी रस न हो शायद
ये फ़सल होंठों पे अगले बरस न हो शायद

**ख़ावर एजाज़**

मिला जो मौक़ा तो रोक दूँगा जलाल रोज़-ए-हिसाब तेरा
पढूँगा रहमत का वो क़सीदा कि हँस पड़ेगा इताब तेरा

**जोश मलीहाबादी**

हक़ीक़तों का जलाल देंगे सदाक़तों का जमाल देंगे
तुझे भी हम ऐ ग़म-ए-ज़माना ग़ज़ल के साँचे में ढाल देंगे

**कलीम आजिज़**

इश्क़ में ख़ुद से मुहब्बत भी नहीं की जा सकती
पर किसी को ये नसीहत भी नहीं की जा सकती

**जमाल एहसानी**

अपनी पलकों को मिरी याद से नम कर लेना
भूलने वाले कभी ख़ुद पे सितम कर लेना

**हबीब हाशमी**

जो भी आता है नए ख़्वाब दिखाता है मुझे
पर हक़ीक़त है कि हर बार रुलाता है मुझे

**रफ़ीक़ अंजुम**

ये काम कर के देख लूँ इक ज़िद ये आज है
तूफ़ाँ से जाके पूछ लूँ कैसा मिज़ाज है

**शगुफ़्ता ग़ज़ल**

इसी सबब से हैं शायद अज़ाब जितने हैं
झटक के फेंक दो पलकों पे ख़्वाब जितने हैं

**जांनिसार अख़्तर**

आजकल एक क़लमकार से बातें करना
ख़्वाब में जैसे ख़रीदार से बातें करना

**फ़िरोज़ मिर्ज़ा**

ये कैसा शहर है तुम भी अजीब लगते हो
अमीर हो के भी काफ़ी ग़रीब लगते हो

**कमाल जाफ़री**

किसी ने दूर से देखा कोई क़रीब आया
अमीर-ए-शहर में जब भी कोई ग़रीब आया

**राम रियाज़**

हुस्न गुल में ना सही नग़मे की आवाज़ में आ
एक अंदाज़ नहीं दूसरे अंदाज़ में आ

**अब्दुलबारी आसी**

ज़हन-ओ-दिल रोशन हुए चेहरा गुलाबी हो गया
सारा मौसम तेरे आने से शराबी हो गया

**असलम इलाहाबादी**

कहाँ तक ऐसी अज़ीयत से हम गुज़रते रहें
कि असल बाक़ी रहे और सूद भरते रहें

**नाज़िम सुलतानपुरी**

अधूरी घर में तस्वीरें बहुत हैं
मिरे पैरों में ज़ंजीरें बहुत हैं

**अज़हर इनायती**

जो दिल बाँधे वो जादू जानता है
मिरा महबूब उर्दू जानता है

**रईस बलवी**

अब वो दिल्ली है न लाहौर चनाचोर गर्म
ख़ाक उड़ती है हर इक ओर चनाचोर गर्म

**रऊफ़ ख़ैर**

मिट गई तीरगी-ए-शब की तेरा नाम आते ही
कितनी यादों के दिए जल उठे शाम आते ही

**हबाब हाशमी**

बहुत पहले से उन क़दमों की आहट जान लेते हैं
तुझे ऐ ज़िन्दगी हम दूर से पहचान लेते हैं

**फ़िराक़-गोरखपुरी**

बिदेस में मिरी कश्ती सता रही है मुझे
वतन की झील बहुत याद आ रही है मुझे

**अतीक़ अंज़र**

सुबह आता हूँ यहाँ और शाम हो जाने के बाद
लौट जाता हूँ मैं घर नाकाम हो जाने के बाद

**जमाल एहसानी**

फल फेंक के हम-साए के घर, तंग करेगा
इक रोज़ ये आँगन का शजर तंग करेगा

**रेहाना क़मर**

न हमसफ़र न किसी हमनशीं से निकलेगा
हमारे पाँव का काँटा हमीं से निकलेगा

**राहत इंदौरी**

आतिश-ए-इश्क़ भड़कती है हवा से पहले
होंठ जलते हैं मुहब्बत में दुआ से पहले

**फ़िराक़**

जब से दुनिया ने मशीनों से शनासाई की
सबकी आँखों में थकन देखी है तन्हाई की

**करामत ग़ौरी**

मुसाफ़िर बोलते हैं रास्ता ख़ामोश रहता है
दुआएँ माँगते हैं सब ख़ुदा ख़ामोश रहता है

**ख़ालिद सुहेल**

वो तड़प जाए इशारा कोई ऐसा देना
उस को ख़त लिखना तो मेरा भी हवाला देना

**अज़हर इनायती**

याद में तेरी जहाँ को भूलता जाता हूँ मैं
भूलने वाले कभी तुझको भी याद आता हूँ मैं

**आग़ा हश्र**

उनके आगे हमने जब शिकवों का दफ़्तर रख दिया
बेवफ़ा कह कर उन्होंने हाथ मुँह पर रख दिया

**नामालूम**

मर के भी एक ताल्लुक़ रहा मयख़ाने से
मेरे हिस्से की छलक जाती है पैमाने से

**रियाज़**

हमने इक बात छिपाने के लिए
कितने इल्ज़ाम ज़माने के लिए

**रविश सिद्दीक़ी**

ये अहल-ए-होश दीवाने बहुत हैं
इस आबादी में वीराने बहुत हैं

**रविश**

अपने दिल की बात शायर बे-हिजाबाना कहे
चाहे पत्थर कोई मारे चाहे दीवाना कहे

**कलीम आजिज़**

कल क़ैस के लब पर थी अब मेरी ज़बानी है
रूदाद-ए- मुहब्बत भी एक राम कहानी है

**चौधरी मंज़ूर**

हर रास्ते पर दिल है यही डर लिए हुए
पागल यहाँ न हो कोई पत्थर लिए हुए

**हामिदुल्ला क़मर**

दिल ये कहता है न छोड़ो अभी वीराने को
शाम मजबूर किए जाती है घर जाने को

**तारिक़ मतीन**

ये रहबर आज भी कितने पुराने लगते हैं
कि पैर दूर से रास्ता दिखाने लगते हैं

**अतुल अजनबी**

ख़ाक हूँ रह-गुज़र में रहता हूँ
मैं हमेशा सफ़र में रहता हूँ

**अबदुर्रहमान अबद**

सफ़र में दूर तक साए नहीं हैं
मगर हम फिर भी घबराए नहीं हैं

**सईद रोशन**

कहानी मेरी रूदाद-ए-जहाँ मालूम होती है
जो सुनता है उसी की दास्ताँ मालूम होती है

**सीमाब अकबराबादी**

चिराग़ तक दिल-ए-बर्बाद में जला न सके
ये घर तुम्हीं ने बनाया मगर बसा न सके

**शफ़ीक़ जौनपुरी**

कर गई कुछ यूँ मुझे तक़सीम ये दीवार भी
अब तड़पना है मुझे इस पार भी उस पार भी

**ज़मीर दरवेश**

मिरे फ़साने को यूँ लाज़वाल उसने किया
कि नाम मेरा हुआ और कमाल उसने किया

**वाली आसी**

मेरी सारी ज़िन्दगी को बे-समर उसने किया
उम्र मेरी थी मगर उस को बसर उसने किया

**मुनीर नियाज़ी**

क्या बताऊँ कैसा ख़ुद को दरबदर मैंने किया
उम्र-भर किस-किस के हिस्से का सफ़र मैंने किया

**वसीम**

किस ने ये ज़ुल्फ़ें सँवारीं क्या ये दीवाना कहे
ख़ुद तिरा आईना बोले ख़ुद तिरा शाना कहे

**कलीम आजिज़**

वो मुझसे बिछड़ने का सबब पूछ रहा है
जो पहले समझना था वो अब पूछ रहा है

**मंसूर उसमानी**

तिरी आरज़ू बहुत है तेरा इंतिज़ार कम है
ये वो हादिसा है जिस पर मेरा इख़्तियार कम है

**वसीम बरेलवी**

मैं तो मिट जाने को मिट जाऊँगा मेरा क्या है
तुम पे इल्ज़ाम न आए वो तरीक़ा क्या है

**तमन्ना जमाली**

जब वो याद आता है बीते हुए मौसम की तरह
जिस्म-ओ-दिल दोनों उलझ जाते हैं रेशम की तरह

**तस्नीम सिद्दीक़ी**

समंदर ये तिरी ख़ामोशियाँ कुछ और कहती हैं
मगर साहिल पे टूटी कश्तियाँ कुछ और कहती हैं

**खुशबीर सिंह शाद**

तुम जो पहलू से से उठे तो बस उदासी रह गई
एक अधूरी आस लेकर रेत प्यासी रह गई

**हरीश श्रीवास्तव**

शाम ढले ये सोच के बैठे हम अपनी तस्वीर के पास
सारी ग़ज़लें बैठी होंगी अपने अपने मीर के पास

**साग़र आज़मी**

जो दिए जला दिए हैं उन्हें अब जलाए रखना
मैं सफ़र पे जा रहा हूँ मेरा घर बचाए रखना

**मेराज फ़ैज़ाबादी**

यहाँ हम आज साक़ी जाम छलकाने नहीं आए
ये देखेंगे कि किस के पास पैमाने नहीं आए

**वाजिद सहरी**

तू इक क़दम भी जो मेरी तरफ़ बढ़ा देता
मैं मंज़िलें तेरी दहलीज़ से मिला देता

**कैफ़ी वाजिदानी**

मुहब्बत का कभी इज़हार करना ही नहीं आता
हमें ये पेड़ साया-दार करना ही नहीं आता

**आलम ख़ुरशीद**

बचपन का वो खेल पुराना छोड़ दिया
काग़ज़ पर तस्वीर बनाना छोड़ दिया

**अब्दुस्सलाम आसिम**

तुझसे पिछड़ूँ तो तेरी ज़ात का हिस्सा हो जाऊँ
जिससे मरता हूँ उसी ज़हर से ज़िन्दा हो जाऊँ

**अहमद कमाल परवाज़ी**

थक गए हो तब भी मत बैठो कि घर नज़दीक है
रात काली हो तो ये समझो सहर नज़दीक है

**नून-मीम**

ग़ैर फिर ग़ैर हैं नज़रों से उतर जाएँगे
तुम सलामत रहो ये दिन भी गुज़र जाएँगे

**नातिक़ मालवी**

रहूँगा शहर में बाहर तो जा नहीं सकता
ये और बात कि अब घर तो जा नहीं सकता

**शकील गोवालियारी**

हम तो दिन रात इसी सोच में मर जाएँगे
तुझसे बिछड़ेंगे तो किस हाल में घर जाएँगे

**रामनाथ असीर**

इक ना इक दीप से रोशन रही काली दुनिया
मैं बुझा तो मेरे बच्चों ने उजाली दुनिया

**इरफ़ान सिद्दीक़ी**

दिल हुस्न को दान दे रहा हूँ
गाहक को दुकान दे रहा हूँ

**सलीम अहमद**

लिखे हुए को भला कोई टाल सकता है
ख़ुदा ही चाहे तो रस्ता निकाल सकता है

**असअद बदायुनी**

बंबई दिल्ली और कलकत्ता मेरा है
अपने वतन का चप्पा चप्पा मेरा है

**इब्राहीम अश्क**

पड़ जाए राह में ना कहीं ख़ाक देखकर
मिलते हैं लोग शहर में पोशाक देखकर

**सहर अंसारी**

अब तो घबरा के ये कहते हैं कि मर जाएँगे
मर के भी चैन ना पाया तो किधर जाएँगे

**ज़ौक़**

हम तो डूबेंगे या पार तर जाएँगे
ये जो साहिल पे हैं ये लोग किधर जाएँगे

**एज़ाज़ अफ़ज़ल**

किस तरफ़ कैसी हवा है ये पता रखना है
फिर ये तय करना है किस रुख पर दिया रखना है

**अख़्तर नज़्मी**

मिरा ख़ामोश रह कर भी उन्हें सब कुछ सुना देना
ज़बाँ से कुछ ना कहना देखकर आँसू बहा देना

**क़ासिम शब्बीर नक़वी**

बस एक लम्हे की ज़हमत क़बूल कर लीजिए
मेरे सलाम की जुरात क़बूल कर लीजिए

**नामालूम**

ऐ बाद-ए-सबा सुनना तो ज़रा मेहमान जो आने वाले हैं
कलियाँ न बिछाना राहों में हम आँख बिछाने वाले हैं

**नामालूम**

मिरी जबीन-ए-अक़ीदत सलाम कहती है
क़बूल हो कि मुहब्बत सलाम कहती है

**नामालूम**

तेरे लिए मैं शहर में रुस्वा बहुत हुआ
इस कारोबार में भी ख़सारा बहुत हुआ

**मुनव्वर राना**

किसी के साथ चलना उम्र-भर अच्छा नहीं लगता
मगर क्या कीजिए तन्हा सफ़र अच्छा नहीं लगता

**एज़ाज़ अफ़ज़ल**

कोई चेहरा किसी को उम्र-भर अच्छा नहीं लगता
हसीन है चाँद भी शब-भर मगर अच्छा नहीं लगता

**मुनव्वर राना**

किसी से बात करना बोलना अच्छा नहीं लगता
तुम्हें देखा है जब से दूसरा अच्छा नहीं लगता

**रेहाना नवाब**

लो ज़ालिम ने देखा पलट कर दुबारा
ग़ज़ब हो गया दूसरा तीर मारा

**आग़ा हश्र**

दफ़्तर से रिटायर किसी बाबू की तरह हूँ
मैं मश्क निकाले हुए आहो की तरह हूँ

**नशतर खतोलवी**

हमारे गाँव के अक्सर घरों में देखा जाता है
कि सारा बोझ कुनबे का कोई बच्चा उठाता है

**नसीम अज़ीज़ी**

हमारी शायरी अब यूँ हमारे जी से आती है
कि जैसे याद की ख़ुशबू किसी हिचकी से आती है

**कुँवर बेचैन**

कहते तो ये थे एक ही उलझन में पड़े हैं
तावीज़ कई रंग के गर्दन में पड़े हैं

**मुमताज़ अर्शी**

ज़िन्दगी चाहे गदागर ही बना कर रख दे
ऐ मिरी माँ तू मेरा नाम सिकन्दर रख दे

**बशर फ़िर्दोशी**

जज़्बे-ए-दोस्ती मिलते हैं
जिससे मिलते हैं जी से मिलते हैं

**नून-मीम**

इस से पहले कि क़दम राह्-ए-सफ़र में रखे
धूप और छावँ की तारीख़ नज़र में रखे

**उरूज ज़ैदी**

बारिश में सर झुकाए हुए तन को मोड़ के
बैठा है इक परिंदा परों को सिकोड़ के

**संजय शौक़**

दिलों के ज़हर को शाइस्तगी ने काट दिया
अँधेरा था तो घना, चाँदनी ने काट दिया

**तुफ़ैल चतुर्वेदी**

फ़ैसला क्यों हो हमारा किसी सरदार के पास
आओ चलते हैं किसी साहब-ए-किरदार के पास

**ज़िया-उल-हक़ क़ासिमी**

पाँव थक जाएँ तो घर जाने को जी चाहता है
और फिर जाँ से गुज़र जाने को जी चाहता है

**नक़्क़ाश काज़मी**

कश्ती से उतर जाने को जी चाह रहा है
कुछ रोज़ से मर जाने को जी चाह रहा है

**मुनव्वर राना**

बहुत मशहूर होता जा रहा हूँ
मैं ख़ुद से दूर होता जा रहा हूँ

**नदीम सिद्दीक़ी**

तुमसे नहीं मिले तो किसी से नहीं मिले
मिलना भी पड़ गया तो ख़ुशी से नहीं मिले

**जावेद सबा**

चुपके चुपके आँख भिगोना अच्छा लगता है
तन्हाई में बैठ के रोना अच्छा लगता है

**अर्शी जौनपुरी**

उठ साक़ी-ए-गुलफ़ाम उठा शीशा-ओ-बादह
काफ़िर ही तो ठहरेंगे ज़्यादा से ज़्यादा

**अब्दुलबारी आसी**

तुम्हारे शहर से जब गाँव जाने लगते हैं
तमाम रास्ते वापिस बुलाने लगते हैं

**तशना आलमी**

कभी कभी जो तू बेगाना लगने लगता है
तमाम शहर ही वीराना लगने लगता है

**शकील आज़मी**

तुम्हारे शहर का मौसम बड़ा सुहाना लगे
मैं एक शाम चुरा लूँ अगर बुरा ना लगे

**क़ैसरुल जाफ़री**

ज़रा सी देर को मंज़र सुहाने लगते हैं
फिर उस के बाद यही क़ैद-ख़ाने लगते हैं

**सलीम कौसर**

जहाँ पेड़ पर चार दाने लगे
वहीं हर तरफ़ से निशाने लगे

**नून-मीम**

ये मो'जिज़ा भी किसी की दुआ का लगता है
ये शहर अब भी इसी बेवफ़ा का लगता है

**इफ़्तिख़ार आरिफ़**

अज़ीज़ इतना ही रखो कि दिल सँभल जाए
अब इस क़दर भी ना चाहो कि दम निकल जाए

**उबैदुल्लाह अलीम**

ये क्या शिकवा कि वो अपना नहीं है
मुहब्बत ख़ून का रिश्ता नहीं है

**अंजुम फ़ौक़ी**

सफ़र में थे तो कहते थे सफ़र में कुछ नहीं रखा
कभी ये कह के निकले थे कि घर में कुछ नहीं रखा

**नामालूम**

अब न दीवार कोई और न दर बाक़ी है
फिर भी महसूस ये होता है कि घर बाक़ी है

**मशकूर मुरादाबादी**

तुम ही कहो जफ़ा को वफ़ा कैसे मान लें
पुरवाई हो तो बाद-ए-सबा कैसे मान लें

**फ़िरोज़ निज़ामी**

मुख़्तलिफ़ रंगों के काग़ज़ से सजाए रखा
मैंने इस घर का हर इक ज़ख़्म छुपाए रखा

**अतहर नबी**

अब बुलाते रहें सौ-बार बुलाने वाले
हम दुबारा कभी वापिस नहीं आने वाले

**रिहाना रूही**

बहुत हैं जिनके मुक़द्दर में घर नहीं कोई
मगर हमारी तरह दर-ब-दर नहीं कोई

**अब्बास रिज़वी**

जिसे दे दी दुआ वो क़ीमती मखमल में रहता था
मगर वो ख़ुद हमेशा इक फटे कम्बल में रहता था

**राहत इंदौरी**

महफ़िल उनकी साक़ी उनका
आँखें मेरी बाक़ी उनका

**अकबर इलाहाबादी**

चूम कर उनके आस्ताने को
मैंने ठुकरा दिया ज़माने को

**अंजुम फ़ौक़ी**

सच्च कहो सच्च से बेरुख़ी न करो
क़त्ल हो जाओ ख़ुदकुशी न करो

**नामालूम**

मैंने आवाज़ तुझे दी है बड़े नाज़ के साथ
अब तो आवाज़ मिला दे मिरी आवाज़ के साथ

**दिवाकर राही**

कुछ इस तरह से मिलें हम कि बात रह जाए
बिछड़ भी जाएँ तो हाथों में हाथ रह जाए

**शकील आज़मी**

तिरे किए हुए वादों पे ऐतबार रहे
बिछड़ कुछ ऐसे कि ताउम्र इंतिज़ार रहे

**मुनव्वर राना**

होता है मुहब्बत में वो जज़बात का मौसम
कहता है ज़माना जिसे बरसात का मौसम

**नून-मीम**

बेअमल दिल हो तो जज़्बात से क्या होता है
खेत बंजर हो तो बरसात से क्या होता है

**नून-मीम**

अब के मौसम में शरारत ये मेरे साथ हुई
मेरा घर छोड़ के कल शहर में बरसात हुई

**नीरज**

देखो तो ज़रा झाँक के बाहर की फ़िज़ा में
बरसात ने इक आग लगा दी है हवा में

**नामालूम**

नम हैं पलकें तिरी ऐ मौज-ए-हवा रात के साथ
क्या तुझे भी कोई याद आता है बरसात के साथ

**नामालूम**

कभी तो खुल के बरस अब्र मेहरबाँ की तरह
मेरा वजूद है जलते हुए मकाँ की तरह

**नामालूम**

किसी भी खेत पे बरसे कहीं का हो जाए
ख़ुदा करे कि ये बादल ज़मीं का हो जाए

**शकील आज़मी**

वो मैला सा बोसीदा सा आँचल नहीं देखा
हैरत है कि तुमने कभी पीपल नहीं देखा

**मुनव्वर राना**

ख़ुद को तिरे मयार से घट कर नहीं देखा
जो छोड़ गया उस को पलट कर नहीं देखा

**अहमद फ़राज़**

दिल अपना किसी दिल से बदल कर नहीं देखा
तू ने कभी उस आग में जल कर नहीं देखा

**वाली आसी**

ज़ख़्म एहसास अगर हम भी दिखाने लग जाएँ
शहर के शहर उसी ग़म में ठिकाने लग जाएँ

**सलीम कौसर**

वोताइर (चिड़िया) जिसके सीने में दिल-ए-आज़ादहोताहै
वहाँ क़स्दन चहकता है जहाँ सय्याद होता है

**अंजुम फ़ौक़ी**

दिल की मिट्टी को कुरेदा तो ख़ज़ाना निकला
अजनबी चेहरों में इक दोस्त पुराना निकला

**तिलक राज पार्स**

हर एक शख़्स का चेहरा उदास लगता है
ये शहर मेरा तबीअत-शनास लगता है

**मज़हर इमाम**

शायद ये कर्ब तुझको नए ख़द-ओ-ख़ाल दे
अल्लाह मेरा दर्द तेरे दिल में डाल दे

**अहमद रईस आनोलवी**

मालूम नहीं कैसी ज़रूरत निकल आई
सर खोले हुए घर से शराफ़त निकल आई

**मुनव्वर राना**

कर्ब के शहर से निकले तो ये मंज़र देखा
हमको लोगों ने बुलाया हमें छू कर देखा

**वज़ीर आग़ा**

फ़ितरत बदल दे कोई किसे इख़्तियार है
वायदा इधर है और उधर ऐतबार है

**नश्तर कश्मीरी**

हक़ीक़त छुप नहीं सकती बनावट के उसूलों से
कि ख़ुशबू आ नहीं सकती कभी काग़ज़ के फूलों से

**मस्त कलकत्वी**

अब इन्क़िलाब को दुनिया में आम होना है
कोई करे ना करे ये तो काम होना है

**फ़िराक़**

गुफ़्तगू का खुरदरा-पन कम करो
अपने लहजे को ज़रा रेशम करो

**तसनीम फ़ारूक़ी**

इक ख़्वाब की सूरत है मगर याद है अब तक
हम ख़ाना-ब-दोशों को भी घर याद है अब तक

**अब्बास रिज़वी**

रंज की जब गुफ़्तगू होने लगी
आपसे तुम, तुमसे तू होने लगी

**दाग़**

हर एक बात पे कहते हो तुम कि तू क्या है
तुम्हीं कहो कि ये अंदाज़-ए-गुफ़्तुगू क्या है

**ग़ालिब**

खुले खुले हुए गेसू सँवारता भी नहीं
वो रूठता है तो ख़ुद को निखारता भी नहीं

**मुहसिन नक़वी**

कसे रहे जो पिरो बाल इक ज़माने तक
अड़े क़फ़स से तो पहुँचे न आशियाने तक

**क़ैसरुल जाफ़री**

ज़िन्दगी-भर की शनासाई चली जाएगी
घर बसा लूँगा तो तन्हाई चली जाएगी

**सलीम कौसर**

सच तो ये है कि ये सच्चाई नहीं जाएगी
आबरू जाएगी महँगाई नहीं जाएगी

**तस्नीम फ़ारूक़ी**

मिरे लहू से शराफ़त कभी ना जाएगी
ये ख़ानदानी शराफ़त कभी ना जाएगी

**वाली आसी**

सफ़र है ख़त्म मगर बेघरी न जाएगी
हमारे घर से ये पैग़ंबरी न जाएगी

**शाहीन ग़ाज़ीपुरी**

शरीफ़ लोगों का अंदाज़ दे के जाते हैं
हम अपने घर में भी आवाज़ दे के जाते हैं

**असलम इलाहाबादी**

तुम्हें देखा तो फिर अरमान जागे
बहुत मुद्दत में ये मेहमान जागे

**नशतर खतौलवी**

सियाह-रात को दुश्मन नहीं किया उसने
चिराग़ एक भी रोशन नहीं किया उसने

**क़ैसर ज़िया क़ैसर**

तुम भी उस सूखते तालाब का चेहरा देखो
और फिर मेरी तरह ख़्वाब में दरिया देखो

**रूऊफ़ रज़ा**

पेड़ देखो न कोई राह का पत्थर देखो
घर से जब चल ही पड़े हो तो न मुड़ कर देखो

**शाहिद कबीर**

तुम्हारे शहर में ख़ुश-रंग गुल-दस्ते नहीं मिलते
हसीन चेहरे तो मिलते हैं मगर हँसते नहीं मिलते

**शकीब**

मिट्टी के रंग-ओ-रूप में ढल जाना चाहिए
मौसम के साथ हमको बदल जाना चाहिए

**शकील आज़मी**

जब भी मिलते हैं तो कतरा के निकल जाते हैं
हाय मौसम की तरह दोस्त बदल जाते हैं

**वाली आसी**

आशिक़ी में मीर जैसे ख़्वाब मत देखा करो
बावले हो जाओगे महताब मत देखा करो

**अहमद फ़राज़**

मुझको गहराई में मिट्टी की उतर जाना है
ज़िन्दगी बाँध ले सामान-ए-सफ़र जाना है

**मुनव्वर राना**

आज हमने दिल का हर क़िस्सा मुकम्मल कर दिया
ख़ुद भी पागल हो गए, उस को भी पागल कर दिया

**राहत इंदौरी**

दोस्ती का तक़ाज़ा है ये दुश्मनी का भरम तोड़ दो
मैं भी अपनी क़सम तोड़ दूँ तुम भी अपनी क़सम३ तोड़ दो

**मंसूर उसमानी**

ज़िन्दगी मेरे लिए एक सज़ा हो जाती
मैं उसे याद ना रखती तो फ़ना हो जाती

**तसनीम सिद्दीक़ी**

मिट गया जब मिटने वाला फिर सलाम आया तो क्या
दिल की बर्बादी के बाद उस का पयाम आया तो क्या

**दिल शाहजहाँपुरी**

हम इस लिए मुक़ाम-ए-फ़ना से गुज़र गए
वो ये कहीं न कह दें कि मरने से डर गए

**नामालूम**

आज तक जो भी हुआ उस को भुला देना है
आज से तय है कि दुश्मन को दुआ देना है

**वाली आसी**

आने वाले तो अब ऐसे ही ज़माने होंगे
होगा पथराव जहाँ हम ही निशाने होंगे

**अली अहमद जलील**

जो ख़ता मैंने नहीं की उस पर पछताना पड़ा
बेवफ़ाई आपने की मुझको शरमाना पड़ा

**मुनव्वर राना**

लहू का आख़िरी क़तरा भी तेरे काम आ जाए
अगर ऐ ख़ुद-ग़रज़ दुनिया तुझे आराम आ जाए

**सिराज लखनवी**

वो सर खोले हमारी लाश पर दीवाना-वार आए
उसी को मौत कहते हैं तो यारब बार-बार आए

**क़मर जलालवी**

बिछड़ कर उस से अपने को अकेला कर लिया मैंने
हिजाब उस को नहीं आया तो पर्दा कर लिया मैंने

**मुनव्वर राना**

वो ईद में ख़ुद आए हैं मिलने के बहाने
ये दिन तो दिखाया शब-ए-फ़ुर्क़त की दुआ ने

**नामालूम**

हिलाल-ए-ईद जो देखा तो ये ख़्याल हुआ
गले मिले हुए क़ातिल से एक साल हुआ

**नामालूम**

उनत्तीसवीं की शब में तेरी दीद हो गई
अब चाहे चाँद हो कि ना हो ईद हो गई

**नामालूम**

मेरे हिस्से में भी कुछ आपकी चाहत आए
ये नया साल नए साल की सूरत आए

**नामालूम**

वो आज रौनक़-ए-महफ़िल दिखाई देता है
नए लिबास में क़ातिल दिखाई देता है

**नामालूम**

क़ातिल है मगर शहर में यूँ घूम रहा है
जैसे कि हमेशा से ही मासूम रहा है

**नाज़िश प्रताप गढ़ी**

फिर तिरी याद नए ख़्वाब दिखाने आई
चाँदनी झील के पानी में नहाने आई

**नामालूम**

अलमारी से ख़त उस के पुराने निकल आए
फिर से मेरे चेहरे पे ये दाने निकल आए

**मुनव्वर राना**

मुद्दई लाख बुरा चाहे तो क्या होता है
वही होता है जो मंज़ूर-ए-ख़ुदा होता है

**मस्त कलकत्वी**

इतने फ़रेब खाए हैं हमने तमाम से
नफ़रत सी हो गई है मुहब्बत के नाम से

**शकील**

मुझे ग़ुस्सा दिखाया जा रहा है
तबस्सुम को चबाया जा रहा

**शेअरी भोपाली**

चाहना जिसको फ़क़त उस की इबादत करना
वर्ना बेकार है रिश्तों की तिजारत करना

**मंसूर उसमानी**

लड़ाई है तो यूँ आओ शब-ए-वाअदा बसर कर लें
तुम अपना मुँह उधर कर लो हम अपना मुँह इधर कर लें

**नामालूम**

ना कोई ख़्वाब हमारे हैं ना ताबीरें हैं
हम तो पानी पे बनाई हुई तस्वीरें हैं

**नामालूम**

हमारा सर तुम्हारे हाथ का पत्थर बदल जाए तो क्या होगा
अगर सोचो यही मंज़र बदल जाए तो क्या होगा

**नवाज़ देवबन्दी**

एक ही वक़्त में पथराव भी गलपोशी भी
ऐसे हालात में इक जुर्म है ख़ामोशी भी

**नामालूम**

सरापा पे जिस जा नज़र कीजिए
वहीं उम्र सारी बसर कीजिए

**मीर**

हम अहल-ए-मोहब्बत को मत ताज-महल देना
गीने को लहू देना गाने को ग़ज़ल देना

**कलीम आजिज़**

आपको मैंने निगाहों में बसा रखा है
आईना छोड़िए आईने में क्या रखा है

**हिना तैमूरी**

मैं अगर आज के हालात रक़म कर देता
हाकिम-ए-वक़्त मेरे हाथ क़लम कर देता

**शाहिदा हसन मुरादाबादी**

ख़ुद ही मिल बैठे हो ये कैसी शनासाई हुई
दश्त में भटके न घर छोड़ा न रुस्वाई हुई

**शहज़ाद अहमद**

जहाँ तलक भी ये सहरा दिखाई देता है
मिरी तरह से अकेला दिखाई देता है

**शकीब जलाली**

महकी हुई ख़ाबों की फ़िज़ा कुछ नहीं कहती
अब कान में चुपके से हवा कुछ नहीं कहती

**अब्बास रिज़वी**

हमको हर हाल में चाहत का भरम रखना है
दिल में यादों की जगह आपका ग़म रखना है

**मंसूर उसमानी**

और नुक़सान हुआ दर्द को महँगा कर के
छोड़ जाते हैं ख़रीदार भी सौदा कर के

**इशरत कोतपुरी**

बड़ा सुकून है दिन चैन से गुज़रते हैं
हम अब किसी से नहीं बस ख़ुदा से डरते हैं

**कृष्ण बिहारी नूर**

जितना कहा है हद से गुज़र कर नहीं कहा
शायर कहा है ख़ुद को पयम्बर नहीं कहा

**राग़िब फ़ारूक़ी**

कोई पहरा कड़ी निगरानी किए जाता है
पर मिरा दिल है कि मन-मानी किए जाता है

**रेहाना रूही**

संगदिल कितने तिरे शहर के मंज़र निकले
जिनकी मेहमाँ थी शब-ए-ग़म वही बे-घर निकले

**मुहसिन नक़वी**

जब तक ग़रज़ रहेगी गुल-ए-तर कहेंगे लोग
मैं जानता हूँ फिर मुझे पत्थर कहेंगे लोग

**जरार अकबराबादी**

जब तलक फूल से रुख़्सार की लाली जाए
सोचता हूँ तिरी तस्वीर बना ली जाए

**अंज़ार सीतापुरी**

सयासी गुफ़्तगू मत कीजिए अच्छा नहीं लगता
रफ़ू पर फिर रफ़ू मत कीजिए अच्छा नहीं लगता

**मुनव्वर राना**

सब लोग जिधर वो हैं उधर देख रहे हैं
हम देखने वालों की नज़र देख रहे हैं

**दाग़**

मैं रोना चाहता हूँ ख़ूब रोना चाहता हूँ
फिर उस के बाद गहरी नींद सोना चाहता हूँ

**फ़रहत एहसास**

बता ऐ ज़िन्दगी ये मौत के आसार से क्यों हैं
ये कैसा क़हर है हम सब के सब बीमार से क्यों हैं

**अब्बास रिज़वी**

तेज़ हो जाता है ख़ुशबू का सफ़र शाम के बाद
फूल शहरों में भी खिलते हैं मगर शाम के बाद

**कृष्ण बिहारी नूर**

इसको शौहरत, उसको सर्वत, उसको सुलतानी मिली
मो'तबर मैं था, मुझे उस दर की दरबानी मिली

**बशीर अहमद बशीर**

रंग लाती है हिना पत्थर पे घिस जाने के बाद
सुर्ख़रु होता है इंसाँ ठोकरें खाने के बाद

**मस्त कलकत्वी**

सरहदें अच्छी कि सरहद पे न रुकना अच्छा
सोचिए, आदमी अच्छा कि परिंदा अच्छा

**इरफ़ान सिद्दीक़ी**

सर उठाती हुई हर लम्हा ज़रूरत मेरी
मुझको नीलाम न कर दे कहीं गुर्बत मेरी

**सुलतान अख़्तर**

सदाक़तों को ज़रूरत के नाम मत करना
अमीर-ए-शहर को झुक कर सलाम मत करना

**हफ़ीज़ मुरादाबादी**

हाँ सहर होगी ये ईमान हमारा भी है
क्या बुरा है जो चराग़ों का सहारा भी है

**एज़ाज़ अफ़ज़ल**

ज़िन्दगी ये तो नहीं तुझको सँवारा ही न हो
कुछ ना कुछ क़र्ज़ तिरा हमने उतारा ही न हो

**जांनिसार अख़्तर**

आज तक जो भी हुआ उस को भुला देना है
आज से तै है कि दुश्मन को दुआ देना है

**वाली आसी**

मिरी ज़बाँ पे वो इक हर्फ़-ए-मो'तबर आए
कि दूँ सदा तो गवाही को शहर भर आए

**अब्बास रिज़वी**

अदालतों में अजब चीज़ है गवाही भी
मुझे बचा न सकी मेरी बेगुनाही भी

**अतहर नबी**

महसूस ये होता है ये दौर-ए-तबाही है
शीशे की अदालत है पत्थर की गवाही है

**हबीब हाश्मी**

जिस गली कूचे से निकला हूँ मैं तन्हा निकला
उस भरे शहर में कोई भी न अपना निकला

**इशरत करतपुरी**

मौत जब तक नहीं आती है जिए जाना है
अपने हिस्से का है जो काम किए जाना है

**रज़ा मज़हरी**

आँगन में बूढ़े पैर का साया नहीं रहा
तक़सीम घर की रोकने वाला नहीं रहा

**मुजाहिद फ़राज़**

रात जितनी तवील होती है
सुबह-ए-नव की दलील होती है

**हफ़ीज़ बनारसी**

कौन कहता है कि मौत आई तो मर जाऊँगा
मैं तो दरिया हूँ समंदर में उतर जाऊँगा

**अहमद नदीम क़ासिमी**

टूटे हुए रिश्तों का हर ज़ख़्म हरा लिखना
जब भी उसे ख़त लिखना आदाब मिरा लिखना

**ज़ुबैर रिज़वी**

मुहब्बत करने वाला ज़िन्दगी-भर कुछ नहीं कहता
कि दरिया शोर करता है समंदर कुछ नहीं कहता

**मुनव्वर राना**

न लहरों से न बे लहरी से बचना
समंदर में बड़ी मछली से बचना

**क़ैसर शमीम**

मस्जिद में उसने हमको आँखें दिखा के मारा
काफ़िर की देखो शोख़ी घर में ख़ुदा के मारा

**ज़ौक़**

हर रात हिज्र में मुझे उस मह-जमाल के
कैसा फ़लक डराता है आँखें निकाल के

**ज़फ़र**

मुश्ताक़ इस क़दर नहीं बन्दे जमाल के
उठे नज़र तो फेंक दें आँखें निकाल के

**सहर**

खींच कर तेग़ जो महफ़िल में वो जल्लाद आया
मलिक-उल-मौत पुकारा मिरा उस्ताद आया

**नामालूम**

एक बोसा हमने माँगा राह-ए-मौला वाह जी
फूटे मुँह से ये ना निकला लेते जाओ शाह जी

**नामालूम**

मुद्दतों बाद शब-ए-माह उसे देखा था
पर किसी और के हमराह उसे देखा था

**जमाल एहसानी**

अपने घर के दरो-दीवार को ऊँचा ना करो
इतना गहरा मेरी आवाज़ से पर्दा ना करो

**ज़ुबैर रिज़वी**

अंगड़ाई भी वो लेने ना पाए उठा के हाथ
देखा मुझे तो छोड़ दिए मुस्कुरा के हाथ

**निज़ाम**

काश उठे महफ़िल से, कब तक ये सितम देखा करें
हर किसी से वो लड़ाएँ आँख हम देखा करें

**शहीदी**

सब सहूँगा मैं अगर लाख बुराई होगी
पर कहीं आँख लड़ाई तो लड़ाई होगी

**दिल-सोज़**

इक नज़र देखने से सर तन से जुदा होता है
बे-जगह आँख लड़ी अब देखिए क्या होता है

**मोमिन**

उसने आँखें मूँद लीं अब कोई रुत आया करे
ये जहाँ अपने किए पर लाख पछताया करे

**शान-उल-रहमान**

दिल को रंजीदा करो आँखों को पुर-नम कर लो
मरने वाले का ज़रा देर तो मातम कर लो

**ज़ुबैर रिज़वी**

जो अपनी कार में शीशे चढ़ा के चलते हैं
कोई तो बात है जिसको छुपा के चलते हैं

**असलम इलाहाबादी**

चिराग़ सामने वाले मकान में भी ना था
ये सानेहा मिरे वहम-ओ-गुमान में भी ना था

**जमाल एहसानी**

तमाम उम्र यूँ ही हमने दुख उठाया है
ज़्यादा ख़र्च किया और कम कमाया है

**नासिर काज़मी**

मिज़ाज अपना समंदर नहीं बदलता है
हवा बदलती है मंज़र नहीं बदलता है

**गौहर उसमानी**

अब न दीवार कोई और न दर बाक़ी है
फिर भी महसूस ये होता है कि घर बाक़ी है

**मशकूर मुरादाबादी**

किसी सूरत कोई सूरत निकालो
मुझे बे-मौत मरने से बचा लो

**वकील अख़्तर**

ग़म की तहज़ीब, अज़ीयत का क़रीना सीखें
आओ इस शहर में जीना है तो जीना सीखें

**शाहिद माहली**

डरों की दहशतों की ये सदी हिस्से में आई है
मैं जीना चाहता हूँ ख़ुदकुशी हिस्से में आई है

**ज़फ़र प्रतापगढ़ी**

ऊँचे उड़ने का नज़ारा अच्छा लगता है
हवा में जब तक रहे ग़ुब्बारा अच्छा लगता है

**प्रतपाल सिंह बेताब**

साक़ी मुझे गज़क के एवज़ भी शराब दे
महशर में कौन लाख तरह का हिसाब दे

**तौर**

क़ैस जंगल में अकेला है मुझे जाने दो
ख़ूब गुज़रेगी जो मिल बैठेंगे दीवाने दो

**नामालूम**

तारीख़ के सफ़हात में जो लोग बड़े हैं
उनमें बहुत ऐसे हैं जो लाशों पे खड़े हैं

**नाज़िश प्रतापगढ़ी**

एड़ी को उठाए हुए पंजों पे खड़े हैं
फिर भी ये समझते हैं कि वो हमसे बड़े हैं

**साइम सैदनपुरी**

रूख पे गेसू हवा से हिलते हैं
उठिए अब दोनों वक़्त मिलते हैं

**नून-मीम**

वो ख़ार हूँ किसी से उलझता नहीं हूँ मैं
दुश्मन की आँख में भी खटकता नहीं हूँ मैं

**हैदर**

क्या ग़ज़ब है कि चार आँखों में
दिल चुराता है यार आँखों में

**मसरूर**

क्या वक़्त है हम वक़्त के क़दमों में पड़े हैं
बौनों को हमें कहना पड़ा आप बड़े हैं

**रशीद क़ुरैशी**

उजड़ी उजड़ी कि हर इक आस लगे
ज़िन्दगी राम का बन-वास लगे

**जांनिसार अख़्तर**

ऐ रूसिया रक़ीब तो डर मेरी आह से
बिजली को लाग होती है रंग-ए-स्याह से

**नासिख़**

रोते-रोते मेरे दीदा तर बैठ गए
ऐसी बरसात हुई आज कि घर बैठ गए

**फ़क़ीरुल्लाह**

जो दिल विल के लेने के ढब जानते हैं
वे तरकीब वरकीब सब जानते हैं

**शौक़ बहराइची**

अगर यूँ ही तोड़ा मरोड़ी रहेगी
तो काहे को अँगिया निगोड़ी रहेगी

**मीर यार अली**

तुम तो बैठे ही बैठे आफ़त हो
उठ खड़े हो तो क्या क़यामत हो

**मीर**

ये सिफ़त तुझमें नई हो गई बद-ख़ूँ हो कर
आप भी मुँह से निकलता है तिरे तू हो कर

**सालिक**

देखो दिखलाओ ख़फ़ा हो के ना हर बार आँखें
अब कभी बज़्म में रो दें तो गुनहगार आँखें

**उल्स**

मरते हैं तिरे प्यार से हम और ज़्यादा
तू लुत्फ़ में करता है सितम और ज़्यादा

**ज़ौक़**

रौनक़ें यार के दम से है और आबादी है
ग़ैर के घर में है मातम मिरे घर शादी है

**रिंद**

मुमकिन नहीं करम तो सितम कीजिएगा आप
लेकिन ताल्लुक़ात न कम कीजिएगा आप

**आमिर सूरती**

ये सर्द फ़ासिला कल रात कटने वाला था
मैं इक चिराग़ की लौ से लिपटने वाला था

**कैफ़ी वजदानी**

बजा कि है पास-ए-हश्र हमको करेंगे पास-ए-शराब पहले
हिसाब होता रहेगा या-रब हमें मँगा दे शराब पहले

**अख़्तर शीरानी**

इतना जागे हैं तेरी यादों में
चाँदनी चुभ रही है आँखों में

**मयकश यूसुफ़ी**

ये किस ने कह दिया हर फ़ैसला मेज़ों पे होता है
कुछ ऐसे मसले भी हैं कि सर नेज़ों पे होता है

**क़मर राय बरेलवी**

ख़ुद को पढ़ता हूँ छोड़ देता हूँ
एक वर्क़ रोज़ मोड़ देता हूँ

**ताहिर फ़राज़**

शमां ने आग रखी सर पर क़सम खाने को
बख़ुदा मैंने जलाया नहीं परवाने को

**दाग़**

थे पेश पेश हमें हर शराब-ख़ाने में
चढ़ी हुई थी हमें भी किसी ज़माने में

**अब्दुलबारी आसी**

अज़ाब ये भी किसी और पर नहीं आया
तमाम उम्र चले और घर नहीं आया

**इफ़्तिख़ार आरिफ़**

सहर का ज़िक्र अँधेरे की बात ही न हुई
वो आए जब से मिरे घर में रात ही न हुई

**सिकन्दर अली वज्द**

वफ़ा-दारी नहीं रस्म-ए-वफ़ादारी ज़रूरी है
ये दुनिया है यहाँ थोड़ी अदाकारी ज़रूरी है

**अर्शी जौनपुरी**

मुहब्बत में वफ़ादारी से बचिए
जहाँ तक हो अदाकारी से बचिए

**निदा फ़ाज़ली**

अँधेरा है कि तिरे शहर में उजाला है
हमारे ज़ख़्म पर क्या फ़र्क़ पड़ने वाला है

**अहमद कमाल परवाज़ी**

आपके बख़्शे हुए ग़म को ख़ुशी कहने लगे
चिलचिलाती-धूप को हम चाँदनी कहने लगे

**उरूज ज़ैदी**

उनकी इतनी भी इनायत कोई कम है हमको
वो समझते हैं किसी बात का ग़म है हमको

**मुज़फ़्फ़र हनफ़ी**

मैं जब चलूँ तो ये दौलत भी साथ रख देना
मिरे बुज़ुर्ग मिरे सर पे हाथ रख देना

**राहत इंदौरी**

जो हम गुज़ार चुके हैं किसी ज़माने में
वो ज़िन्दगी न क़फ़स में न आशियाने में

**अब्दुलबारी आसी**

वक़्त रोके नहीं रुकता कभी ख़ुशबू की तरह
लम्हे मुट्ठी से सरक जाते हैं बालू की तरह

**गोविंद सरन नफ़ीस**

वक़्त क्या शय है पता आपको चल जाएगा
हाथ फूलों पे भी रखेंगे तो जल जाएगा

**शाद आरफ़ी**

कौन देता है भला इस दिल-ए-बेहाल का मोल
सब घटा देते हैं मुफ़लिस की ग़रज़ माल का मोल

**सरशार**

ये सब कहने की बातें हैं यहाँ तक है वहाँ तक है
वहीं तक उस का जलवा है नज़र जिसकी जहाँ तक है

**नूह**

चावलों के सभी दाने नहीं देखे जाते
हो मुहब्बत तो घराने नहीं देखे जाते

**असर फ़रीदी**

हम ख़ुद ही अपनी ज़ात का पर्दा बने रहे
रुसवाइयों के डर से फ़रिश्ता बने रहे

**जमालुद्दीन साहिल**

हँसी को एक दिन दुख-दर्द का एहसास भी होगा
अयोध्या में बसोगे तो तुम्हें वनबास भी होगा

**राम बाबू रस्तोगी**

हुस्न बेपर्वा कि जो रुसवा भी है बदनाम भी है
छुप के पर्दे ही में रह जाए तो इल्ज़ाम भी है

**कौसर जायसी**

मुद्दतें हो गई हैं चुप रहते
कोई सुनता तो हम भी कुछ कहते

**महशर लखनवी**

सहरा में जो वहशी कोई फ़रियाद करेगा
मौसम बड़ी शिद्दत से तुझे याद करेगा

**नक़्क़ाश काज़मी**

भूलता ही नहीं जिधर जाऊँ
हाय मैं क्या करूँ किधर जाऊँ

**नासिख़**

ताबीर उस की क्या है धुआँ देखता हूँ मैं
एक दरिया कुछ दिनों से रवाँ देखता हूँ मैं

**आशुफ़्ता चंगेज़ी**

रात देखी है पिघलती हुई ज़ंजीर कोई
मुझको बतलाएगा इस ख़्वाब की ताबीर कोई

**ज़फ़र इक़्बाल**

किस का ख़्याल कौन सी मंज़िल नज़र में है
सदियाँ गुज़र गईं कि ज़माना सफ़र में है

**जिगर**

सिर्फ़ काबा ही ना दौरान-ए-सफ़र पड़ता है
मैं जिधर जाऊँ उधर आपका घर पड़ता है

**शाद आरफ़ी**

जब बहार आई मिरे गुलशन-ए-जाँ से आई
ख़ाक के ढेर में ये बात कहाँ से आई

**ज़हीन शाह ताजी**

दिल मेरा हुस्न का दीवाना हुआ जाता है
ऐ ख़ुदा घर तेरा बुतख़ाना हुआ जाता है

**मुश्ताक़ इलाहाबादी**

जब दिल से डर दिमाग़ से शक दूर हो गया
जिस आईने पे आँख पड़ी चूर हो गया

**वली-उल-हक़ अंसारी**

अपनी तो फ़िक्र-ए-कम है औरों का ग़म ज़्यादा
हस्सास हो गए हैं पहले से हम ज़्यादा

**सलमान अब्बासी**

शेख़ ने मस्जिद बना मिस्मार बुतख़ाना किया
तब तो इक सूरत भी थी अब साफ़ वीराना किया

**मीर आला**

लाए उस बुत को इल्तिजा कर के
कुफ़्र टूटा ख़ुदा ख़ुदा कर के

**पण्डित दया शंकर नसीम**

मन्दिर से कुछ ग़र्ज है न मतलब अज़ाँ से है
मुझको अगर है इश्क़ तो हिंदुस्ताँ से है

**ज़फ़र अली ख़ाँ**

ख़ुदा का क़हर बुतों का इताब रहता है
इस एक जान पर क्या-क्या अज़ाब रहता है

**सबा लखनवी**

इन बुतों को मज़हर ज़ात-ए-ख़ुदा कहता हूँ मैं
जो न कहना था वही अब बरमला कहता हूँ मैं

**नून-मीम**

दैर में कौन है काबे में गुज़र किस का है
यार का घर ये अगर है तो वो घर किस का है

**अमीर मीनाई**

ताक़त हो किसी में तो मिटा दे मेरी हस्ती
डायन है मिरा नाम लक़ब फ़िरकापरस्ती

**नज़ीर बनारसी**

ग़म मेरे साथ-साथ बहुत दूर तक गए
मुझमें थकन न पाई तो बेचारे थक गए

**कृष्ण बिहारी नूर**

एक शख़्स मेरे साथ बहुत दूर तक गया
फिर उसने साथ छोड़ दिया मैं भी थक गया

**ज़फ़र नसीमी**

ख़ुद को तेरी कहानी का हिस्सा बना दिया
ले देख मैंने पानी पर चेहरा बना दिया

**मुनव्वर राना**

देखता है ना इमारत को न वीराने को
जिस जगह पड़ रहा नींद आ गई दीवाने को

**अब्दुलबारी आसी**

अजीब लुत्फ़ मोहब्बत की दास्तान में है
वफ़ा का तज़किरा दुनिया की हर ज़बान में है

**ज़फ़र नसीमी**

नुक़ूशे उम्र-ए-गुज़िश्ता समेट लाते हैं
ये रंग-रंग के बादल कहाँ से आते हैं

**अल्लामा कौसर जायसी**

शाम से हँसने हँसाने में उलझ जाता हूँ
ग़म को तफ़रीह कराने में उलझ जाता हूँ

**अहमद कमाल परदाज़ी**

वक़्त-रुख़सत न मुझे दीदा-ए-तर से देखो
इक मुजाहिद को मुजाहिद की नज़र से देखो

**एहसान दरभंगवी**

हँसी हँसी में मिरी आँख नम न हो जाए
हुज़ूर देखिए इज़हार-ए-ग़म न हो जाए

**असग़र राही**

ज़िन्दगी-भर की शनासाई चली जाएगी
घर बसा लूँगा तो तन्हाई चली जाएगी

**सलीम कौसर**

न बोलो मुँह से मगर आँख से सलाम तो लो
तुम अपनी चश्म-ए-सुख़न-गो से कोई काम तो लो

**नस्साख़**

शिद्दत-ए-दर्द में होंठों पे दुआ का होना
साबित इस से भी तो होता है ख़ुदा का होना

**अनवर मसऊद**

ये मेरे चारों तरफ़ किस लिए उजाला है
तिरा ख़्याल है या दिन निकलने वाला है

**मोहसिन भोपाली**

क्यों इतने दुखों से गुज़रा वो क्यों इतना मेरा ख़्याल किया
जो हाल कि मेरा होना था, वो उसने अपना हाल किया

**अतहर नफ़ीस**

सावन भादों साठ ही दिन हैं, फिर वो रुत की बात कहाँ
अपने अश्क मुसलसल बरसें, अपनी सी बरसात कहाँ

**नामालूम**

मुद्दतें हो गईं ख़ता करते
शर्म आती है अब दुआ करते

**हबीब जालिब**

बारहा साथ वो जिस राहगुज़र से गुज़रे
जी भर आया कभी तन्हा जो उधर से गुज़रे

**राग़िब मुरादाबादी**

थक गए हो तब भी मत बैठो कि घर नज़दीक है
रात काली हो तो ये समझो सहर नज़दीक है

**सईद रज़ा सईद**

अपनी मजबूरी को हमदीवार-ओ-दर कहने लगे
क़ैद का सामाँ किया और इस को घर कहने लगे

**शबनम रूमानी**

पहले कहीं ख़ुदा उसे शौक़-ए-शिकार दे
फिर ये कि वो हमीं को निशाना क़रार दे

**हसरत मोहानी**

सूफ़ी-ए-शहर मिरे हक़ में दुआ क्या करता
ख़ुद था मुहताज-ए-अता मुझको अता क्या करता

**मुहसिन एहसान**

ख़ुशकी-ओ-तेरी पर क़ादिर है आसान मेरी मुश्किल कर दे
साहिल की तरफ़ कश्ती न सही कश्ती की तरफ़ साहिल कर दे

**क़मर जलालवी**

इस हादिसा-ए-वक़्त को क्या नाम दिया जाए
कम-ज़र्फ़ के हाथों में अगर जाम दिया जाए

**मुहसिन भोपाली**

दुखों की आग में ऐसे दिमाग़ जलता है
बग़ैर तेल के जैसे चिराग़ जलता है

**राशिद इलाहाबादी**

साथ मत दे तिरा नुक़सान भी हो सकता है
मेरी ख़ातिर तू परेशान भी हो सकता है

**सलाहुद्दीन नय्यर**

हमारे घर में यूँ तो क्या नहीं है
बस इतना है कोई रहता नहीं है

**मुहसिन सरवरी**

मुहब्बत करने वाले कम न होंगे
तेरी महफ़िल में लेकिन हम ना होंगे

**हफ़ीज़ होशयारपुरी**

भुला दो रंज की बातों में क्या है
इधर देखो मेरी आँखों में क्या है

**शान-उल-हक़ हक़्क़ी**

डरते थे उनके हाथ में तलवार देखकर
दिल को मगर सुकून मिला धार देखकर

**अज़ीम अब्बासी**

ऐसा नहीं कि आदमी अच्छा नहीं है वो
जैसा हमारा ख़्वाब था वैसा नहीं है वो

**रेहाना रूही**

हम ताज और न ताजमहल छोड़ जाएँगे
बस अपनी यादगार ग़ज़ल छोड़ जाएँगे

**वाली आसी**

जब से उसने शहर को छोड़ा हर रास्ता सुनसान हुआ
अपना क्या है, सारे शहर का इक जैसा नुक़सान हुआ

**मुहसिन नक़वी**

ये कैसे दौर का सुक़रात बन के जीना है
बजाय ज़हर मुझे गालियों को पीना है

**मज़हर इमाम**

हर एक पत्थर का मेरे सर से कुछ रिश्ता निकलता है
जिसे दुश्मन समझता हूँ वही अपना निकलता है

**मुनव्वर राना**

हर कोई दिल की हथेली पे है सहरा रखे
किस को सैराब करे वो किसे प्यासा रखे

**अहमद फ़राज़**

हाँ बेख़ुदी में ख़ुद को ख़ुदा कह गया हूँ मैं
अब जो भी कहा गया हूँ बेजा कह गया हूँ मैं

**दिवाकर राही**

हर अदा मस्ताना सर से पाँव तक छाई हुई
उफ़ तिरी काफ़िर जवानी जोश पर आई हुई

**दाग़ देहलवी**

ढलते सूरज की तरह शाम सुहानी दे जा
जा रहा है तो मुझे कोई निशानी दे जा

**रेहाना क़मर**

मिलाते हो उसी को ख़ाक में जो दिल से मिलता है
मिरी जाँ चाहने वाला बड़ी मुश्किल से मिलता है

**दाग़ देहलवी**

इस तरह भी कभी आईने पे मरने लग जाऊँ
मैं तुझे याद करूँ और सँवरने लग जाऊँ

**शाइस्ता सना बेहरी**

साया-साया धूप उगा दी जाती है
रोज़ नई अफ़वाह उड़ा दी जाती है

**नदीम नय्यर कानपुरी**

ये करें और वो करें ऐसा करें वैसा करें
ज़िन्दगी दो दिन की है दो दिन में हम क्या-क्या करें

**नज़ीर बनारसी**

परिंदे तक नहीं रहते पराए आशियानों में
हमारी उम्र गुज़री है किराए के मकानों में

**मूनिस बरेलवी**

ऐवान-ए-मुहब्बत को कई बार सजाया
वो वादा-फ़रामोश न आना था न आया

**उमर अंसारी**

मैं वो आशिक़ नहीं जो बैठ कर चुपके से ग़म खाए
मुझे तो जो सताए या-अली बर्बाद हो जाए

**नामालूम**

यहाँ की फ़िक्र वहाँ का ख़्याल रखा है
अकेले दोनों जहाँ को सँभाल रखा है

**हफ़ीज़ मेरठी**

अगरचे ज़ोर हवाओं ने डाल रखा है
मगर चिराग़ को लौ ने सँभाल रखा है

**अहमद फ़राज़**

अगरचे अर्श पे पाए जमाल रखा है
मगर नबी ने हमें भी सँभाल रखा है

**जज़्ब आनोलवी**

ज़रा से ग़म के लिए जान से गुज़र जाना
मोहब्बतों में ज़रूरी नहीं है मर जाना

**शकील आज़मी**

ख़्याल आया था कल शब तुझे भुलाने का
चिराग़ बुझ गया फ़ौरन मेरे सिरहाने का

**शाज़ तमकनत**

सदफ़ की आँख से मोती निकालने वाले
कहाँ गए वो समंदर खँगालने वाले

**मुहिब कौसर**

क़ैस भी नाकाम था, फ़रहाद भी नाकाम था
हमसे पहले भी मुहब्बत का यही अंजाम था

**अब्दुलबारी आसी**

मर्ग-ए-आशिक़ पर फ़रिश्ता मौत का बदनाम था
वो हँसी रोके हुए बैठा था जिसका काम था

**मंज़र लखनवी**

मौत ने क़िस्सा चुकाया नज़ा का हंगाम था
उनको भी जाने की जल्दी थी मुझे भी काम था

**सिराज लखनवी**

भाग उस मक़बूलियत से जिसको पाने के लिए
सर को ख़त्म करना पड़े जो है उठाने के लिए

**परवेज़ मुज़फ़्फ़र**

ना दिल निकला न जाँ निकली ना मेरी लाश ही निकली
जहाँ मैं दफ़न था खोदा गया तो बेबसी निकली

**नामालूम**

मगर मेरी अना मुझसे ज़्यादा सर-फिरी निकली
बड़ी कमज़ोर मेरी और उसकी दोस्ती निकली

**मुनव्वर राना**

ईद के रोज़ भी मजबूर थे तक़दीर से हम
रो पड़े मिल के गले आपकी तस्वीर से हम

**नामालूम**

चलो ये इश्क़ नहीं चाहने की आदत है
पर क्या करें हमें इक दूसरे की आदत है

**अहमद फ़राज़**

आँख बे-नूर हुई दीदा-वरों के होते
आईने टूट गए शीशा-गरों के होते

**रेहाना रूही**

इस से पहले कि बेवफ़ा हो जाएँ
क्यों ना ऐ दोस्त हम जुदा हो जाएँ

**अहमद फ़राज़**

मिरी तन्हाई देखेंगे तो हैरत ही करेंगे लोग
मोहब्बत छोड़ देंगे या मोहब्बत ही करेंगे लोग

**इस्माइल राज़**

हमने उस को इतना देखा जितना देखा जा सकता था
लेकिन फिर भी दो आँखों से कितना देखा जा सकता था

**नामालूम**

ये नया इक चाँद सूरज के बराबर कौन है
रोशनी कम हो तो ये देखें कि छत पर कौन है

**राहत इंदौरी**

अपनी आवारा मिज़ाजी को नया नाम न दो
मुझको जन्नत से निकलवाने का इल्ज़ाम न दो

**अंजुम रहबर**

वो बात सच अगर है जो फ़मा रहे हैं आप
क्यों बार-बार मेरी क़सम खा रहे हैं आप

**तरन्नुम कानपुरी**

गुलशन की बहारों पे सर-ए-शाम लिखा है
फिर उसने गुलाबों से मिरा नाम लिखा है

**तस्नीम सिद्दीक़ी**

जो पोशीदा हैं उन सच्चाइयों को कौन देखेगा
भरे घर में मेरी तन्हाइयों को कौन देखेगा

**वाली आसी**

अगर ऐ नाख़ुदा तूफ़ान से लड़ने का दम-ख़म है
इधर कश्ती न ले आना इधर पानी बहुत कम है

**दिवाकर राही**

क़िस्सा अहल-ए-जुनूँ कोई नहीं लिखेगा
जैसे हम लिखते हैं यूँ कोई नहीं लिखेगा

**इफ़्तिख़ार आरिफ़**

हम करें बात दलीलों से तो रद्द होती है
उनके होंठों की ख़ामोशी भी सनद होती है

**मुज़फ़्फ़र वारसी**

हम कर्ब के हिसार से बाहर नहीं गए
तुझसे बिछड़ के ज़िन्दा रहे मर नहीं गए

**मंज़ूर नदीम**

आँख से दूर ना हो दिल से उतर जाएगा
वक़्त का क्या है गुज़रता है गुज़र जाएगा

**अहमद फ़राज़**

जगह की क़ैद नहीं थी कोई कहीं बैठे
जहाँ मुक़ाम हमारा था हम वहीं बैठे

**महशर आफ़रीदी**

हाकिम मिरे ख़िलाफ़ सिपाही मिरे ख़िलाफ़
मिलती नहीं है फिर भी गवाही मिरे ख़िलाफ़

**ख़्वाजा रज़ी हैदर**

मैंने इक गोशा-ए-वहशत से बहुत बातें कीं
यानी इस दिल की अज़ीयत से बहुत बातें कीं

**शाहिदा हुसन**

हम और आप मन के चमन तक पहुँच गए
परदेस में पड़े थे वतन तक पहुँच गए

**नामालूम**

दिल को दीवार करें सब्र से वहशत करें हम
ख़ाक हो जाएँ जो रुसवाई को शोहरत करें हम

**इफ़्तिख़ार आरिफ़**

इतने सादा भी ना थे देखने वाले तेरे
हमने आँखों ही पे सब वार सँभाले तेरे

**मज़हर इमाम**

सितारे डूब जाने के लिए हैं
ये आँसू जगमगाने के लिए हैं

**शौकत आबिद**

चमन में आपकी तरह गुलाब एक भी नहीं
हुज़ूर एक भी नहीं जनाब एक भी नहीं

**अनवर शऊर**

मिला के मुझसे नज़र तुम जुदा न हो जाना
पता बता के मुझे लापता न हो जाना

**रेहाना क़मर**

एक दीए ने कहा हवाओं से
काम चलता नहीं दुआओं से

**तालिब रामपुरी**

जिसने कुछ एहसाँन किया, एक बोझ हम पर रख दिया
सर से तिनका क्या उतारा, सर पे छप्पर रख दिया

**जलाल लखनवी**

हालत जो हमारी है तुम्हारी तो नहीं है
ऐसा है तो फिर ये कोई यारी तो नहीं है

**अली ज़रीवन**

वायदे का ऐतबार तो है वाक़ई मुझे
ये और बात है कि हँसी आ गई मुझे

**नख़शब जारचोई**

मुझे तौबा की बरकत का पता है
गुनाहों का मगर अपना मज़ा है

**सरोश आसिफ़**

शीशे से कुछ और कहेगी पत्थर से कुछ और
बाहर से कुछ और है दुनिया अंदर से कुछ और

**महबूब ज़फ़र**

हर आदमी तस्बीह में दाने की तरह है
ये सारा जहाँ एक घराने की तरह है

**अक़ील नुमानी**

करो ख़त्म झगड़ा अल्लाह अपना-अपना
ख़ुदी अपनी-अपनी ख़ुदा अपना-अपना

**मीर अहमद नवेद**

ये हम जो शहर के पास अपना गाँव बेचते हैं
यक़ीन कीजिए हाथ और पाँव बेचते हैं

**अब्बास ताबिश**

ख़ुदा का ज़िक्र न कर उन उदास लोगों से
ये अहल-ए-देर हैं रखते हैं आस लोगों से

**साबिर ज़फ़र**

हमारी जान है जानी तो जाए
मगर ये दिल की वीरानी तो जाए

**साबिर ज़फ़र**

देख तो घर से निकल कर कि गली में क्या है
तुझमें कुछ भी ना सही और किसी में क्या है

**अनवर शऊर**

अँधेरे चारों तरफ़ साएँ साएँ करने लगे
चिराग़ हाथ उठा कर दुआएँ करने लगे

**राहत इंदौरी**

तेरा चुप रहना मिरे ज़हन में क्या बैठ गया
इतनी आवाज़ें उसे दीं कि गला बैठ गया

**तहज़ीब हाफ़ी**

कौन कहाँ तक जा सकता है
तो वक़्त ये बता सकता है

**रिहाना रूही**

सख़्ती थोड़ी लाज़िम है, पर पत्थर होना ठीक नहीं
हिन्दू मुस्लिम ठीक है साहिब कट्टर होना ठीक नहीं

**सलमान ज़फ़र**

ज़िन्दगी से बड़ी सज़ा ही नहीं
और क्या जुर्म है पता ही नहीं

**कृष्ण बिहारी नूर**

हुस्न-ओ-इश्क़ का संगम देर तक नहीं रहता
कोई भी हसीं मौसम देर तक नहीं रहता

**ताजवर सुल्ताना**

हम इतने सादा हैं ख़ुशगुमानी में मर रहे हैं
कि हम तो किरदार हैं कहानी में मर रहे हैं

**अंबरीं हसीं अंबर**

ज़िन्दगी में ये हुनर भी आज़माना चाहिए
जंग जब अपनों से हो तो हार जाना चाहिए

**डॉक्टर आनंद ओझा बदनाम**

वासना जब कभी जज़बात को उकसाती है
मुझमें पोशीदा जो औरत है वो समझाती है

**बरखा रानी**

तिरी ज़मीं पे मुहब्बत के बीज बो न सकूँ
तू मिल भी जाए तो शायद मैं तेरा हो न सकूँ

**नामालूम**

पारसा कोई तो इस दश्त में आया होगा
वर्ना आँधी में दिया किस ने जलाया होगा

**मीना कुमारी नाज़**

शहर में किस से सुख़न रखिए किधर को चलिए
इतनी तन्हाई तो घर में भी है घर को चलिए

**नसीर तुराबी**

बस इक झिझक है यही हाल-ए-दिल सुनाने में
कि तेरा ज़िक्र भी आएगा इस फ़साने में

**कैफ़ी आज़मी**

इश्क़ में ख़ुद से मुहब्बत नहीं की जा सकती
पर किसी को ये नसीहत नहीं की जा सकती

**एहसान जमाल**

आख़िर को वहशतों का सलीक़ा सा हो गया
चलते रहे तो रास्ता अपना सा हो गया

**नसीर तुराबी**

खाए फ़रेब इतने कि बर्बाद हो गए
कुछ दोस्तों के चेहरे मगर याद हो गए

**नामालूम**

कम अपने मुक़द्दर का अँधेरा नहीं होता
सूरज तो निकलता है सवेरा नहीं होता

**साक़ी अमरोहवी**

बात करनी मुझे मुश्किल कभी ऐसी तो न थी
जैसी अब है तिरी महफ़िल कभी ऐसी तो न थी

**बहादुर शाह ज़फ़र**

तिरी मौजूदगी में तेरी दुनिया कौन देखेगा
तुझे मेले में सब देखेंगे मेला कौन देखेगा

**नज़ीर बनारसी**

ज़ख़्म को फूल कहीं ख़ुशबू को नग़मा लिखें
इतने सादा भी नहीं हम कि न इतना लिखें

**बिल्क़ीस ज़फ़ीरुल हसन**

जगाने, चुटकियाँ लेने, सताने कौन आता है
कि छुप कर ख़्वाब में अल्लाह जाने कौन आता है

**मुज़फ़्फ़र ख़ैराबादी**

क़ायदे बाज़ार के इस बार उलटे हो गए
आप तो आए नहीं पर फूल महँगे हो गए

**नोमान शौक़**

इत्तिफ़ाक़ अपनी जगह ख़ुशक़िसमती अपनी जगह
ख़ुद बनाता है जहाँ में आदमी अपनी जगह

**अनवर शऊर**

सूरज सितारे चाँद मिरे साथ में रहे
जब तक तुम्हारे हाथ मिरे हाथ में रहे

**राहत इंदौरी**

कतरा के ज़िन्दगी से गुज़र जाऊँ क्या करूँ
रुसवाइयों के ख़ौफ़ से मर जाऊँ क्या करूँ

**नुसरत मेहदी**

तुझे न आएँगी मुफ़लिस की मुश्किलात समझ
मैं छोटे लोगों के घर का बड़ा हूँ बात समझ

**अमीर नजमी**

वो तो अंदाज़ थे कुछ शोख़ निराले तेरे
वर्ना सैराब ना थे चाहने वाले तेरे

**मज़हर इमाम**

इश्क़ मैंने लिख डाला क़ौमीयत के ख़ाने में
और तेरा दिल लिखा शहरीयत के ख़ाने में

**आमिर अमीर**

मैं इस पर चीख़ने बैठूँ तो हैरानी नहीं जाती
परिंदे घर में हैं और घर की वीरानी नहीं जाती

**अब्बास ताबिश**

आपकी आँखें अगर शे'र सुनाने लग जाएँ
हम जो ग़ज़लें लिए फिरते हैं ठिकाने लग जाएँ

**रहमान फ़ारस**

हर-चंद कोई ख़्वाब मुकम्मल नहीं हुआ
मैं इसके बावजूद भी पागल नहीं हुआ

**साक़ी अमरोहवी**

देखें क़रीब से भी तो अच्छा दिखाई दे
एक आदमी तो शहर में ऐसा दिखाई दे

**महबूब ज़फ़र**

मत बुरा उस को कहो गरचे वो अच्छा भी नहीं
वो न होता तो ग़ज़ल मैं भी कभी कहता भी नहीं

**कलीम आजिज़**

मेरे लिए दुआ करो या बद्दुआ करो
मैं इतना चाहता हूँ कि तुम ख़ुश रहा करो

**राम प्रकाश बेख़ुद**

बहुत ख़ुशबू का होना भी बहुत अच्छा नहीं होता
न हो शौहरत तो गुमनामी का भी ख़तरा नहीं होता

**अहमद वसी**

दिल पे आए हुए इल्ज़ाम से पहचानते हैं
लोग अब मुझको तिरे नाम से पहचानते हैं

**क़तील शिफ़ाई**

अगरचे तुझसे बहुत इख़तिलाफ़ भी न हुआ
मगर ये दिल तेरी जानिब से साफ़ भी न हुआ

**परवीन शाकिर**

ना जाने कैसी महरूमी पस-ए-रफ़्तार चलती है
हमेशा गेरे आगे आगे एक दीवार चलती है

**अज़ीज़ नबील**

जिस अंजुमन में देखा बेगाने रह गए हैं
गिनती के लोग जाने-पहचाने रह गए हैं

**इक़बाल अज़ीम**

सबको मिलते हैं कहाँ यार हमारे जैसे
कम ही होते हैं वफ़ादार हमारे जैसे

**मुश्ताक़ अहमद मुश्ताक़**

जो रंजिशें थीं उन्हें बरक़रार रहने दिया
गले मिला भी तो दिल में ग़ुबार रहने दिया

**शकील आज़मी**

बैठे हैं चैन से कहीं जाना तो है नहीं
हम बे-घरों का कोई ठिकाना तो है नहीं

**रहमान फ़ारस**

बेसबब यूँ तो सर-ए-शाम निकल आते हैं
हम बुलाएँ तो उन्हें काम निकल आते हैं

**मंज़र नक़वी**

खिला दो रोज़ में कितने बद-आमालों की बस्ती है
अजानों से तो लगता था ख़ुदा वालों की बस्ती है

**शहाब सफ़दर**

हम वहाँ देखने पहुँचेंगे जहाँ आइएगा
आप कब आइएगा और कहाँ आइएगा

**अनवर शऊर**

अब जा के आह करने के आदाब आए
दुनिया समझ रही है कि हम मुस्कुराए हैं

**ख़ुमार बारहबंकवी**

ये कैसा तंज़ है ये तर्ज़-ए-गुफ़्तुगू क्या है
अगर मैं कुछ भी नहीं हूँ बता कि तू क्या है

**हिना तैमूरी**

अपनी पहचान बताते हुए शरमाएँगे
बे-नसब ऐसे न सोचा था कि हो जाएँगे

**नसीम सईद**

किसी भी बात पर बे बात पर जो मुस्कुराए हैं
ज़माना जान जाता है हम उनसे मिल के आए हैं

**इमदाद हुसैनी**

मिरे ख़िलाफ़ अदालत भी थी ज़माना भी
मुझे तो जुर्म बताना भी था छुपाना भी

**इमरान आमी**

ख़ुदा का शुक्र कि कुर्सी-नशीं नहीं थे हम
सरों के साथ ही दरबार में नहीं थे हम

**मंज़र नक़वी**

मैं ख़जूरों भरे सहराओं में देखा गया हूँ
तख़्त के बाद तेरे पाँव में देखा गया हूँ

**नदीम भाभा**

मैं पयम्बर ना सही हूँ तो पयम्बर जैसा
कोई घर भी नहीं वीरान मिरे घर जैसा

**साक़ी अमरोहवी**

घर से बाहर जाना गरचे महँगा पड़ता है
फिर भी घर में एक दरवाज़ा रखना पड़ता है

**रेहाना रूही**

ना सोचते थे जो दीवार-ओ-दर बदलने तक
वो लोग हो गए तैयार घर बदलने तक

**जमाल एहसानी**

ख़ून-ए-तमन्ना से मत डरना तर्क-ए-तमन्ना मत करना
घर में अँधेरा हो तो बला से शहर अँधेरा मत करना

**कलीम आजिज़**

देखिए दिल के मुज़ाफ़ात में रखिए हमको
गाहे-गाहे तो मुलाक़ात में देखिए हमको

**महबूब ज़फ़र**

कुछ इस तरह से मिलें हम कि बात रह जाए
बिछड़ भी जाएँ तो हाथों में हाथ रह जाए

**शकील आज़मी**

उसकी ख़ुशबू मेरी ग़ज़लों में सिमट आई है
नाम का नाम है रुस्वाई की रुसवाई है

**इक़बाल अशअर**

आसमानों से फ़रिश्ते जो उतारे जाएँ
वो भी सच बोलें तो इस दौर में मारे जाएँ

**नामालूम**

रास्ते में वो मिला अच्छा लगा
सूना सूना रास्ता अच्छा लगा

**शीन-काफ़ निज़ाम**

मैं उस दिल से निकल कर बाम-ओ-दर तक़सीम करती हूँ
कि ख़ुद बे-घर हूँ और लोगों में घर तक़सीम करती हूँ

**रेहाना क़मर**

जो मिरे शहर में कुछ रोशनी लाए होंगे
उन चराग़ों ने कई घर भी जलाए होंगे

**साग़र आज़मी**

तर्क-ए-मोहब्बत अपनी ख़ता हो ऐसा भी हो सकता है
वो अब भी पाबन्द-ए-वफ़ा हो ऐसा भी हो सकता है

**मलिकज़ादा मंज़ूर अहमद**

यही बहुत है कि दिल उसको ढूँढ़ लाया है
किसी के साथ सही वो नज़र तो आया है

**अमजद इस्लाम अमजद**

उसका चेहरा अगर बुझा होगा
फिर न रोशन कोई दिया होगा

**सरफ़राज़ अब्द**

काश हालात में यूँ रद्दोबदल हो जाए
मर्सिया कहने को बैठूँ तो ग़ज़ल हो जाए

**शायर जमाली**

कोई दरीचा खुले या तुझे हँसी आए
किसी तरफ़ से तो कमरे में रोशनी आए

**साग़र आज़मी**

पय-कशों की लग़्ज़िशें नाज़ से न टालिए
आपने पिलाई है आप ही सँभालिए

**हक़ कानपुरी**

क़ैस का शिजरा ना कोई हमको शौहरत चाहिए
इक मुहब्बत चाहिए और उस में शिद्दत चाहिए

**नदीम भाभा**

और इक ये जुर्म भी मैंने किया था
मैं तेरे बाद भी कुछ दिन जिया था

**अम्मार इक़बाल**

इश्क़ में मजनूँ-ओ-फ़रहाद नहीं होने के
ये नए लोग हैं बर्बाद नहीं होने के

**नुसरत मेहदी**

नक़ाब उड़ा तो मुझे सुर्ख़ लब दिखाई दिए
वो रो दिए जो हवा के सबब दिखाई दिए

**अमीर नजमी**

देखो उस का हिज्र निभाना पड़ता है
वो जैसा चाहे हो जाना पड़ता है

**नदीम भाभा**

अपना अपना फ़र्ज़ दोनों ही अदा करते रहे
हम दुआ करते रहे वो बददुआ करते रहे

**तरन्नुम कानपुरी**

शाहों में मिलेंगे ना जनाबों में मिलेंगे
अच्छे भी हमें ख़ाना-ख़राबों में मिलेंगे

**कलीम आजिज़**

मिरी उर्दू को दहशत गर्द जिसने भी कहा होगा
उसे तो अपनी माँ का दूध भी कड़वा लगा होगा

**अशोक साहिल**

तुम्हारा ज़िक्र होंठों पर तिलावत से ज़रा कम है
मोहब्बत से ज़्यादा है इबादत से ज़रा कम है

**नग़मा नूर**

मुमकिन है कोई मौज किनारे पर छोड़ दे
चल ज़िन्दगी को वक़्त के धारे पर छोड़ दे

**रुख़्सार नाज़िमाबादी**

किसी कली किसी गुल में किसी चमन में नहीं
वो रंग है ही नहीं जो तेरे बदन में नहीं

**फ़रहत एहसास**

ख़ुदा का शुक्र सहारे बग़ैर बीत गई
हमारी उम्र तुम्हारे बग़ैर बीत गई

**अनवर शऊर**

एक तारीख़ मुक़र्रर हो तो हर माह मिले
जैसे दफ़्तर में किसी शख़्स को तनख़्वाह मिले

**अमीर नज्मी**

जाने कैसी पसन्द रखता है
अपनी पलकें वो बन्द रखता है

**शीन-काफ़ निज़ाम**

जिसका हक़दार था मैंने उसी हक़ में रखा
तेरा ख़त आया तो चाँदी के वर्क़ में रखा

**अहमद परवाज़ी**

तेरे बग़ैर ख़ुदा की क़सम सुकून नहीं
सफ़ेद बाल हुए हैं हमारा ख़ून नहीं

**शमीम अब्बास**

मक़तल की तरफ़ आते और तेज़-क़दम आते
आवाज़ तो दी होती हम तेरी क़सम आते

**कैफ़ अज़ीमाबादी**

जो कहता था कि दरिया देख आया
ग़लत मौसम में सहरा देख आया

**शार्क़ कैफ़ी**

पतझड़ में बहारों की फ़िज़ा ढूँढ़ रहा है
पागल है जो दुनिया में वफ़ा ढूँढ़ रहा है

**साग़र सिद्दीक़ी**

बिछड़ा है जो इक बार तो मिलते नहीं देखा
उस ज़ख़्म को हमने कभी सिलते नहीं देखा

**परवीन शाकिर**

अभी कुछ और करिश्मे ग़ज़ल के देखते हैं
फ़राज़ अब ज़रा लहजा बदल के देखते हैं

**अहमद फ़राज़**

जुदा तुमसे हुए हैं तो किसी से हम नहीं मिलते
कोई हमसे मिले भी तो ख़ुशी से हम नहीं मिलते

**सय्यद इब्न मज़ाहिर**

रहा यूँ ही ना-मुकम्मल ग़म-ए-इश्क़ का फ़साना
कभी मुझको नींद आई कभी सो गया ज़माना

**इक़बाल सफ़ीपुरी**

सफ़र में धूप रही साएबान होते हुए
कि बे-निशान गए हम निशान होते हुए

**नदीम भाभा**

ये दरवेशों की बस्ती है यहाँ ऐसा नहीं होगा
लिबास-ए-ज़िन्दगी फट जाएगा मैला नहीं होगा

**मुनव्वर राना**

मेरे बालों में कोई चाँदी का तार आ जाए
इस से पहले ही वो घोड़े पर सवार आ जाए

**शाज़ीया साज़ी**

वो अक़्लमंद कभी जोश में नहीं आया
गले तो लगता है आग़ोश में नहीं आया

**फ़रहत एहसास**

यादों के बाग़ से वो हरापन नहीं गया
सावन के दिन चले गए सावन नहीं गया

**अनवर शऊर**

एक वायदा है किसी का जो वफ़ा होता नहीं
वर्ना इन तारों भरी रातों में क्या होता नहीं

**साग़र सिद्दीक़ी**

रिश्तों की ये नाज़ुक डोरें तोड़ी थोड़ी जाती हैं
अपनी आँखें दुखती हो तो फोड़ी थोड़ी जाती हैं

**सुबहान सद**

वाक़िफ़ नहीं जो लोग सफ़र के उसूल से
साय की भीक माँग रहे हैं बबूल से

**साक़ी अमरोहवी**

इस इब्तिदा की सलीक़े से इंतिहा करते
वो एक-बार मिले थे तो फिर मिला करते

**अनवर मसऊद**

उस गुल को भेजना है मुझे ख़त सबा के हाथ
इस वास्ते लगा हूँ चमन की हवा के हाथ

**मज़्हर मिर्ज़ा जानां**

कोई कहाँ तलक तुम्हें रस्ता बताएगा
पैदल चलो तो शहर समझ में भी आएगा

**नुसरत अतीक़**

लोग कहते हैं कि तू अब भी ख़फ़ा है मुझसे
तेरी आँखों ने तो कुछ और कहा है मुझसे

**जांनिसार अख़्तर**

गुलशन की बहारों पे सर-ए-शाम लिखा है
फिर उसने गुलाबों से मिरा नाम लिखा है

**तसनीम सिद्दीक़ी**

जो पोशीदा हैं उन सच्चाइयों को कौन देखेगा
भरे घर में मेरी तन्हाइयों को कौन देखेगा

**वाली आसी**

चंद सिक्के फिर पसीने में बहा ले आऊँगा
आज चावल ला सका माँ कल दवा ले आऊँगा

**मनोज कुमार**

काग़ज़ की ये कश्ती अभी तैराई नहीं है
चिट्ठी उसे लिख रखी है भिजवाई नहीं है

**तशना आलमी**

मेरे सब अशआर अब नक़्क़ाद के हाथों में हैं
फूल से बच्चे मेरे जल्लाद के हाथों में हैं

**रवी सक्सेना**

अंजुमन जगमगाती रहेगी, हम यूँ ही दिल जलाया करेंगे
आप बस इतना इक़रार कर लें जैसे आए हैं आया करेंगे

**शहाब लखनवी**

कौन आया है यहाँ कोई ना आया होगा
मेरा दरवाज़ा हवाओं ने हिलाया होगा

**कैफ़ भोपाली**

सुना है आज वो महफ़िल में हमसे बोलेंगे
ज़ह-ए-नसीब कि पत्थर ज़बान खोलेंगे

**राहत इंदौरी**

ना आएँ वो तो कोई मौत का पैग़ाम आ जाए
वही अपना है आड़े वक़्त में जो काम आ जाए

**क़मर जलालवी**

हमसे भी मिल कि हम भी तेरे यार लोग हैं
छू और चख के देख मज़ेदार लोग हैं

**फ़रहत एहसास**

उसे हँसते नहीं देखा कई दिन से
मिरा सूरज नहीं निकला कई दिन से

**अख़्तर शुमार**

हयात ले के चलो कायनात ले के चलो
चलो तो सारे ज़माने को साथ ले के चलो

**मजरूह सुलतानपुरी**

तो क्या मेरे नहीं हो तुम तो क्या ये वाक़ई सच है
कहा था ना यकींन कर लो कहा था ना यही सच है

**शाज़िया साज़ी**

ग़म मौजूद हैं, आँसू भी हैं खा तो रहा हूँ पी तो रहा हूँ
जीना और किसे कहते हैं अच्छा-ख़ासा जी तो रहा हूँ

**हफ़ीज़ जालंधरी**

जैसे भी हो अदब आदाब देख सकता है
कोई भी शख़्स तिरे ख़्वाब देख सकता है

**जमाल एहसानी**

कभी झूठे सहारे ग़म में रास आया नहीं करते
ये बादल उड़ के जाते हैं मगर साया नहीं करते

**नुशूर वाहिदी**

जब तिरा हुक्म मिला तर्क-मोहब्बत कर दी
दिल मगर इस पे वो धड़का कि क़यामत कर दी

**अहमद नदीम क़ासिमी**

ये समंदर है किनारे ही किनारे जाओ
इश्क़ हर शख़्स के बस का नहीं प्यारे जाओ

**कलीम आजिज़**

रहे दो -दो फ़रिश्ते साथ तो इन्साफ़ क्या होगा
किसी ने कुछ लिखा होगा किसी ने कुछ लिखा होगा

**पण्डित हर-चंद अख़्तर**

लावे जो कभी अश्क-फ़िशानी निकलते
हम चाँद उठाए हुए पानी से निकलते

**सलीम कौसर**

सर-ए-मिंबर वो ख़्वाबों के महल तामीर करते हैं
इलाज-ए-ग़म नहीं करते फ़क़त तक़रीर करते हैं

**हबीब जालिब**

तुम पूछो और मैं न बताऊँ ऐसे तो हालात नहीं
एक ज़रा सा दिल टूटा है और तो कोई बात नहीं

**क़तील शिफ़ाई**

जवाज़-ए-बरहमई नेक-ओ-बद नहीं मालूम
ख़ुलूस में भी मुझे अपनी हद नहीं मालूम

**सय्यद सिद्दीक़ हुस्न कड़वी**

इक बार ज़िन्दगी में मदीना नसीब हो
फिर उस के बाद चाहे न जीना नसीब हो

**सकलेन हैदर**

तुम अपने दिल में मदीने की आरज़ू रखना
फिर उनका काम है जज़्बे की आबरू रखना

**रवीन्द्र जैन**

कितने अवतार हुए कितने पयम्बर आए
तू न आया तिरे पैग़ाम बराबर आए

**कृष्ण बिहारी नूर**

शोला हूँ भड़कने की गुज़ारिश नहीं करता
सच्च मुँह से निकल जाता है कोशिश नहीं करता

**मुज़फ़्फ़र वारसी**

अनमोल है जीवन पल-पल का आहें ना यूँ ही भरते रहना
कोई बात नई कोई शे'र नया कहने का जतन करते रहना

**हबीब जालिब**

नमी थी आँख में लेकिन इक एतिमाद भी था
मुझे तो हौसला जीने का उस के बाद भी था

**नरजिस अफ़रोज़ ज़ैदी**

गई रुतों का अभी तक निशान बाक़ी है
गली में एक शिकस्ता मकान बाक़ी है

**निगार अज़ीम**

दूसरों पर अगर तब्सरा कीजिए
सामने आईना रख लिया कीजिए

**ख़ुमार बाराबंकवी**

ज़िन्दगी में बड़ा ज़रूरी है
ये रागढ़ना कि क्या ज़रूरी है

**दिवाकर राही**

तुझ पर मिरी रुसवाई का इल्ज़ाम तो है ना
दिल तोड़ने वालों में तेरा नाम तो है ना

**अख़्तर उसमान**

सहर को खोज चराग़ों पर इन्हिसार न कर
हवा से दोस्ती रख उस का ऐतबार न कर

**अंजुम सलीमी**

जब अगले साल यही वक़्त आ रहा होगा
केसे ख़बर है कि फिर कौन किस जगह होगा

**आफ़ताब इक़बाल**

रोशनी सुबह को टूटे हुए तारों में नहीं
ज़िन्दगी ढूँढ़ मगर जा के मज़ारों में नहीं

**बेहज़ाद लखनवी**

उनको हम ख़ाक-नशीनों का ख़्याल आने तक
शहर तो शहर बदल जाएँगे वीराने तक

**क़मर जलालवी**

जहेज़ कम था बहू आग में उतारी है
हमारे गाँव में अब तक ये रस्म जारी है

**शाज़िया साज़ी**

रूह प्यासी कहाँ से आती है
ये उदासी कहाँ से आती है

**जॉन एलिया**

पूरी तरह से अब के तैयार हो के निकले
हम चारागर से मिलने बीमार हो के निकले

**फ़रहत एहसास**

जहाँ तक काम चलता हो ग़िज़ा से
वहाँ तक चाहिए बचना दवा से

**हकीम अब्दुस्सलाम मुज़्तर**

वो कह रहे हैं कि उलफ़त नहीं वतन से मुझे
सिखा रहे हैं मुहब्बत मशीनगन से मुझे

**हबीब जालिब**

आँखें हैं कि मयख़ाने के दरवाज़े खुले हैं
ये होंठ गुलाबी हैं कि रंगों से धुले हैं

**हसरत जयपुरी**

दुनिया के सितम याद न अपनी ही वफ़ा याद
अब मुझको नहीं कुछ भी मुहब्बत के सिवा याद

**जिगर मुरादाबादी**

हमको जुनूँ क्या सिखलाते हो हम हैं परेशाँ तुमसे ज़्यादा
चाक किए हैं हमने अज़ीज़-ओ-चाक-ए-गिरेबाँ तुमसे ज़्यादा

**मजरूह सुलतानपुरी**

इस अह्द में इलाही मुहब्बत को क्या हुआ
छोड़ा नाफ़ा को उसने, मुरव्वत को क्या हुआ

**मीर तक़ी मीर**

ऐसा भी नहीं है कि ये ग़म कुछ नहीं कहते
यूँ है कि तिरे सामने हम कुछ नहीं कहते

**अहमद उसमान**

ऐश से क्यों ख़ुश हुए क्यों ग़म से घबराया किए
ज़िन्दगी क्या जाने क्या थी और क्या समझा किए

**जज़्बी**

ज़िन्दगी जैसी तवक़्क़ो थी नहीं कुछ कम है
हर घड़ी होता है एहसास कहीं कुछ कम है

**शहरयार**

अना-परस्त है जज़्बात में बहेगा नहीं
वो मिलने आएगा मुझसे मगर कहेगा नहीं

**शहनाज़ नूर**

ये कह के दिल ने मिरे हौसले बढ़ाए हैं
ग़मों की धूप के आगे ख़ुशी के साए हैं

**माहिर-उल-क़ादरी**

इस सलीक़े से उनसे गिला कीजिए
जब गिला कीजिए हँस दिया कीजिए

**ख़ुमार बाराबंकवी**

हम हद-ए-माह विसाल से आगे नहीं गए
ख़्वाबों में भी ख़्याल से आगे नहीं गए

**शबनम शकील**

कुछ इश्क़ था कुछ मजबूरी थी यूँ मैंने जीवन वार दिया
मैं कैसा ज़िन्दा आदमी था इक शख़्स ने मुझको मार दिया

**अबैदुल्लाह अलीम**

तिरे पहलू में तिरे दिल के क़रींब रहना है
मेरी दुनिया है यही मुझको यहीं रहना है

**इशफ़ाक़ हुसैन (कनेडा)**

अच्छा-ख़ासा बैठे-बैठे गुम हो जाता हूँ
अब मैं अक्सर मैं नहीं रहता तुम हो जाता हूँ

**अनवर शऊर**

मोहब्बतों में ये इमकान थोड़ी होता है
किसी को भूलना आसान थोड़ी होता है

**अख़्तर उसमान**

किसी भी रात को जब दिन बनाना पड़ता है
उसे चिराग़ मुझे दिल जलाना पड़ता है

**इमरान आमी**

उस अब्र से भी क़बाहत ज़्यादा होती है
जिसे बरसने की आदत ज़्यादा होती है

**असअद बदायुनी**

फिर मिरे शहर से गुज़रा है वो बादल की तरह
दस्त-ए-गुल फैला हुआ है मेरे आँचल की तरह

**परवीन शाकिर**

किस ने भीगे हुए बालों से ये झटका पानी
झूम के आई घटा, टूट के बरसा पानी

**आरज़ू लखनवी**

लिपट जाते हैं वो बिजली के डर से
इलाही ये घटा दो दिन तो बरसे

**महमूद रामपुरी**

हम बिछड़ कर तुमसे बादल की तरह रोते रहे
थक गए तो ख़्वाब की दहलीज़ पर सोते रहे

**ज़ुबैर रिज़वी**

एक साग़र भी इनायत न हुआ याद रहे
साक़िया जाते हैं, महफ़िल तरी आबाद रहे

**चकबस्त**

साथ छोड़ें न अभी शीशा-ओ-बादा मेरा
और कुछ रोज़ है जीने का इरादा मेरा

**क़ैसर अफ़ग़ानी**

ला फिर एक-बार वही बादा-ओ-जाम ऐ साक़ी
याद आ जाए मुझे मेरा मुक़ाम ऐ साक़ी

**ग़ालिब**

मुश्किल ये आ पड़ी है कि गर्दिश में जाम है
ऐ होश! वर्ना मुझको तिरा एहतिराम है

**अब्दुल हमीद अदम**

नहीं मालूम अब के साल मयख़ाने पे क्या गुज़री
हमारे तौबा बढ़ कर लेने से पैमाने पे क्या गुज़री

**इनामुल्लाह ख़ाँ यक़ीं**

कुछ ऐसे ज़िक्र ज़िक्र-ए-बहाराँ में आ गए
हम ख़ुद चमन से उठ के बयाबाँ में आ गए

**शाहजहाँ बानो याद**

मैं देखूँ मुझमें कब तक ताक़त-ए-परवाज़ आती है
चमन से हर घड़ी आवाज़ पर आवाज़ आती है

**साक़िब लखनवी**

न ख़ौफ़-ए-बर्क़ न ख़ौफ़-ए-शरर लगे है मुझे
मुझे ख़ुद अपने बाग़ के फूलों से डर लगे है मुझे

**मलिकज़ादा मंज़ूर अहमद**

आह को चाहिए इक उम्र असर होने तक
कौन जीता है तिरी ज़ुल्फ़ के सर होने तक

**ग़ालिब**

जमुना में कल नहा कर जब उस ने बाल बाँधे
हमने भी अपने दिल में क्या-क्या ख़्याल बाँधे

**मुसहफ़ी**

चोरी कहीं खुले न नसीम-ए-बहार की
ख़ुशबू उड़ा के लाई है गेसू-ए-यार की

**आग़ा हश्र कश्मीरी**

ज़ाहिद ने मिरा हासिल-ए-ईमाँ नहीं देखा
रुख़ पर तिरी ज़ुल्फ़ों को परेशाँ नहीं देखा

**असग़र गोंडवी**

हम हुए, तुम हुए, कि मीर हुए
उन की ज़ुल्फ़ों के सब असीर हुए

**मीर**

ये बाँकपन रहे, यही तर्ज़-ए-सितम रहे
तेबरी पे बल रहे, तेरे गेसू में ख़म रहे

**ख़ातिम अली महर**

बाम पर आने लगे वो सामना होने लगा
अब तो इज़हार-ए-मोहब्बत बरमला होने लगा

**हसरत**

बहुत आसाँ है बाम-ओ-दर बनाना
बहुत दुशवार लेकिन घर बनाना

**सहर शाहजहाँपुरी**

सच कह दूँ ऐ ब्रिहमण गर तू बुरा न माने
तेरे सनम कदों के बूत हो गए पुराने

**अल्लामा इक़बाल**

तमाशा-ए-दैर-ओ-हरम देखते हैं
तुझे हर बहाने से हम देखते हैं

**दाग़ देहलवी**

देख पछताएगा ऊबुत! मेरे तरसाने से
उठ के काबा को चला जाऊँगा बुतख़ाने से

**ख़्वाजा वज़ीर**

कभी मन्दिर, कभी मस्जिद, कभी मयख़ाने जाते हैं
जहाँ भी शम्मा रोशन हो वहाँ परवाने जाते हैं

**विजय तिवारी भोपाली**

हया से सर झुका लेना, अदा से मुस्कुरा देना
हसीनों को भी कितना सहल है बिजली गिरा देना

**अकबर इलाहाबादी**

सितम भी सहना , दुआ भी देना, वो बेबसी का गया ज़माना
अगर हो जुरअत गिराओ बिजली, बना रहा हूँ मैं आशियाना

**ख़ामोश ग़ाज़ीपुरी**

न बर्क़ पर न शरारों पर हर्फ़ आएगा
चमन जला तो बहारों पे हर्फ़ आएगा

**वहशी मुरादाबादी**

भूख में पले बच्चे जब जवान होते हैं
हौसले ज़मीनों के आसमान होते हैं

**अतहर शकील नगीनवी**

तमाम घर की फ़िज़ा को बदलता रहता है
वो एक खिलौना जो आँगन में चलता रहता है

**अज़हर इनायत रामपुरी**

फ़लसफ़ी को बहस के अंदर ख़ुदा मिलता नहीं
डोर को सुलझा रहा है और सिरा मिलता नहीं

**अकबर इलाहाबादी**

मुझे क़ैद करने वाले तुझे ये पता नहीं है
तिरी क़ैंचियों की हद में मिरा हौसला नहीं है

**नामालूम**

जो दरिया हैं वो सर उठाए हुए हैं
समंदर को पानी पिलाए हुए हैं

**रशीद क़ुरैशी लखनवी**

हादिसे कुछ दिल पे ऐसे हो गए
हम समंदर से भी गहरे हो गए

**शाद अज़ीमाबादी**

ये मस्लेहत की रविश इख़्तियार मत करना
किसी की लाश पर दरिया को पार मत करना

**महेंद्र सिंह अश्क**

हुस्न ये है कि दिलरुबा हो तुम
ऐब ये है कि बेवफ़ा हो तुम

**जलील मानिकपुरी**

मेरा यही ख़्याल है गो मैंने पी नहीं
कोई हसीं पिलाए तो ये शय बुरी नहीं

**रियाज़ ख़ैराबादी**

है कजी ऐब मगर हुस्न है अब्रू के लिए
तीरगी बद है मगर नेक है गेसू के लिए

**मीर अनीस**

जब से हम तबाह हो गए
तुम जहाँपनाह हो गए

**बेकल उत्साही**

अब कौन से मौसम से कोई आस लगाए
बरसात में भी याद न जब उन को हम आए

**परवीन शाकिर**

सुबह-ए-रंगीं को बुझी रात न होने देना
मुल्क में ख़ून की बरसात न होने देना

**जौहर कानपुरी**

मौसम-ए-गुल में अजब रंग है मयख़ाने का
शीशा झुकता है कि मुँह चूम ले पैमाने का

**जलील मानिकपुरी**

मुफ़लिसी सब बहार खोती है
मर्द का ऐतबार खोती है

**वली दक्कनी**

मैं और सैर-ए-लाला-ओ-गुल हिज्र-ए-यार में
कैसी बहार? आग लगा दो बहार में

**शाद अज़ीमाबादी**

बूढ़ों के साथ लोग कहाँ तक वफ़ा करें
लेकिन न मौत आए तो बूढ़े भी क्या करें

**अकबर इलाहाबादी**

उस के दर तक जाते-जाते हर्फ़-ए-तमन्ना भूल गए
लेकिन फिर भी याद है उतना कुछ कहना था भूल गए

**फ़ज़ल ताबिश भोपाली**

उनको आख़िर ये ग़म भी उठाना पड़ा
मेरी ख़ातिर मुझे भूल जाना पड़ा

**शाहजहाँ बानो याद देहलवी**

भुलाता लाख हूँ लेकिन बराबर याद आते हैं
इलाही तर्क-ए-उल्फ़त पर वो क्यूँ-कर याद आते हैं

**हसरत**

जो सुबह का भूला हो वो शाम को घर आ जाए
जो ख़ुद को ही भूला हो बतलाओ किधर जाए

**रफ़ी ज़ैदपुरी**

सुना है हमें वो भुलाने लगे हैं
तो क्या हम उन्हें याद आने लगे हैं

**ख़ुमार**

वो अफ़साना जिसे हर-रोज़ हम दिल को सुनाते हैं
ख़ुदा जाने तुम्हारे सामने क्यों भूल जाते हैं

**मिर्ज़ा अब्बास बैग महशर**

हम ही में थी ना कोई बात याद न तुमको आ सके
तुमने हमें भुला दिया हम न तुम्हें भुला सके

**हफ़ीज़ जालंधरी**

इश्क़ का राज़ किसी से नहीं कहना अच्छा
हो सके ज़ब्त तो ख़ामोश ही रहना अच्छा

**हफ़ीज़ जौनपुरी**

क़ैस जंगल में अकेला है मुझे जाने दो
ख़ूब गुज़रेगी जो मिल बैठेंगे दीवाने दो

**मियाँदाद ख़ाँ सय्याह**

उनको समझाता है आते हैं जो समझाने को
कौन दीवाना कहेगा तिरे दीवाने को

**जाफ़र अली ख़ान असर**

बस्तियाँ ढूँढ़ रही हैं उन्हें वीरानों में
वहशतें बढ़ गईं हद से तिरे दीवानों में

**फ़िराक़**

सारी दुनिया ये समझती है कि सौदाई है
अब मिरा होश में आना तिरी रुसवाई है

**मुहम्मद अली जौहर**

दुहाई देता रहे जो दुहाई देता है
कि बादशाह को ऊँचा सुनाई देता है

**अब्बास ताबिश**

हमको तो जागना है तिरे इंतिज़ार में
आई हो जिसको नींद वो सोए मज़ार में

**सीमाब**

बावफ़ा निकलेगा या वो बेवफ़ा हो जाएगा
हम रहे ज़िन्दा तो ये भी फ़ैसला हो जाएगा

**रियाज़ मजीद**

दोस्ती में अपना अपना हक़ अदा करते रहे
वो जफ़ा करते रहे और हम वफ़ा करते रहे

**चकबस्त**

कभी नेकी भी इस के जी में गर आ जाए है मुझसे
जफ़ाएँ कर के अपनी याद शर्मा जाए है मुझसे

**ग़ालिब**

जो बिलकुल सामने थी ऐसी नेकी तक नहीं पहुँचे
नवाज़ा शहर भर को और पड़ोसी तक नहीं पहुँचे

**अज़्म शाकिरी**

तिरी आरज़ू बहुत है तिरा इंतिज़ार कम है
ये वो हादिसा है जिस पर मेरा इख़्तियार कम है

**ज़ुबैर रिज़वी**

आपके सामने रूदाद-ए-सितम कहते हैं
लोग जो सोच नहीं सकते वो हम कहते हैं

**रेहाना नवाब**

ऐ जज़्बा-ए-दिल गर मैं चाहूँ हर चीज़ मुक़ाबिल आ जाए
मंज़िल के लिए दो-गाम चलूं और सामने मंज़िल आ जाए

**बहज़ाद लखनवी**

सीने पर सौ वार सहे जब दुश्मन की तलवार उठी
हिम्मत उस दिन हारी जिस दिन आँगन में दीवार उठी

**अहमद रईस आनोलवी**

अपने घर के दरो-दीवार को ऊँचा न करो
इतना गहरा मिरी आवाज़ से पर्दा न करो

**ज़ुबैर रिज़वी**

नज़र हैरत-ज़दा सी है, क़दम बहके हुए से हैं
शबाब आया है उन पर और हम बहके हुए से हैं

**महशर इनायती**

तमाम घर की फ़िज़ा को बदलता रहता है
वो इक खिलौना जो आँगन में चलता रहता है

**अज़हर इनायती**

मीर-ओ-ग़ालिब बने यगाना बने
आदमी ऐ ख़ुदा ख़ुदा न बने

**हबीब जालिब**

तेरे प्यार में रुसवा हो कर जाएँ कहाँ दीवाने लोग
जाने क्या-क्या पूछ रहे हैं ये जाने-पहचाने लोग

**अबैदुल्लाह अलीम**

न समझने की ये बातें हैं न समझाने की
ज़िन्दगी उचटी हुई नींद है दीवाने की

**फ़िराक़**

जज़्बा-ए-मुहब्बत को तीर-ए-बे-ख़ता पाया
मैंने जब उसे देखा देखता हुआ पाया

**शाद आरफ़ी**

इक दिन वो मिल गए थे सर-ए-रह गुज़र कहीं
फिर दिल ने बैठने ना दिया उम्र-भर कहीं

**साहिबज़ादा अच्छन**

जनाब-ए-शैख़ मयख़ाने चले हैं
बहाना ये कि समझाने चले हैं

**रईस रामपुरी**

न दुनिया न दुनिया के मेले रहेंगे
ख़ुदावंद आलम अकेले रहेंगे

**नाज़िश नियाज़ी**

मिरे ज़ख़्म के लहू से मिरा ज़ख़्म धो रहे हैं
मिरा घर जलाने वाले मिरे साथ रो रहे हैं

**अहमद रईस आंवोलवी**

ये दिल है लफ़्ज़ की फ़ितरत से चोट खाया हुआ
इधर ज़बान से निकला उधर पराया हुआ

**तालिब रामपुरी**

बाहर का धन आता जाता असल ख़ज़ाना घर में है
धूप में जो मुझे साया दे वो सच्चा साया घर में है

**अबैदुल्लाह अलीम**

अभी से शाम कहाँ धूप इक़्तिदार में है
ये बूढ़ा पेड़ परिंदों के इंतिज़ार में है

**अज़हर इनायती**

आईना देख के ये देख सँवरने वाले
तुझपे बेजा तो नहीं मरते हैं मरने वाले

**उस्ताद रशीद ख़ान रशीद**

नासेहा ये बता दो मुझे समझाने से पहले
तुम मिल भी चुके हो किसी दीवाने से पहले

**जलील नुमानी**

कैसे कह दूँ कि मुलाक़ात नहीं होती है
रोज़ मिलते हैं मगर बात नहीं होती है

**शकील नुमानी**

चालाकी में हद दर्जा जो फुर्तीला हो जाता है
वक़्त के हत्थे चढ़ जाए तो मुँह नीला हो जाता है

**डॉक्टर शौक़ असरी**

ग़ुस्से में बरहमी में ग़ज़ब में इताब में
वो आ गए हैं ख़ुद मिरे ख़त के जवाब में

**दिवाकर राही**

जब हमारी तरह मजबूर हुआ है कोई
उस ने महसूस किया है कि ख़ुदा है कोई

**नाज़िश नियाज़ी**

ग़म उस का कुछ नहीं है कि मैं काम आ गया
ग़म ये है क़ातिलों में तिरा नाम आ गया

**ताहिर फ़राज़**

वो मेरा यार था मुझको न ये ख़्याल आया
मैं अपने ज़हन का सब बोझ उस पर डाल आया

**अज़हर इनायती**

ले चला जान मिरी रूठ के जाना तेरा
ऐसे आने से तो बेहतर था न आना तेरा

**दाग़ देहलवी**

बजा कहे जिसे आलम उसे बजा समझो
ज़बान-ए-ख़ल्क़ को नक़्क़ारा ख़ुदा समझो

**दर्द, ख़्वाजा मीर देहलवी**

ये अलग बात कि ख़ामोश खड़े रहते हैं
फिर भी जो लोग बड़े हैं वो बड़े रहते हैं

**राहत इंदौरी**

किस क़दर मुझ पर रही है मेहरबानी आपकी
मेरे अफ़साने में शामिल है कहानी आपकी

**उदय प्रताप सिंह**

हम जिसे देख के चौंके थे वो साया होगा
कौन आएगा यहाँ कोई न आया होगा

**तालिब रामपुरी**

ये क्या ज़िद, हर बात में सबसे करते हो तकरार मियाँ
हार गए हो दुनिया से तो मान लू अपनी हार मियाँ

**साहिर शीवी**

भाई से इख़तिलाफ़ में शिद्दत कभी न हो
इतना न दूर जा कि तिरी वापसी न हो

**जमशेद कमाल**

मैं कभी तुझसे बे-ख़बर न हुआ
कोई आँसू इधर-उधर न हुआ

**तारिक़ क़मर**

जो हो न सकी बात वो चेहरों से अयाँ थी
हालात का मातम था मुलाक़ात कहाँ थी

**हबीब जालिब**

जाने कहाँ से आ गई ख़ुशबू गुलाब की
मैं बात कर रहा था तुम्हारे शबाब की

**दिवाकर राही**

फ़न उड़ानों का जब ईजाद किया था मैंने
कुछ परिंदों को भी आज़ाद किया था मैंने

**अज़हर इनायती**

तुम्हारा शहर है तुम जो कहो ब-जा है वो
हमारा सिर्फ़ ख़ुदा है मगर ख़ुदा है वो

**शहपर रसूल**

पहले बुतों के इश्क़ में ईमान पर बनी
फिर ऐसी आ बनी कि मिरी जान पर बनी

**दर्द, ख़्वाजा मीर देहलवी**

बड़ी सर्द रात थी कल मगर बड़ी आँच थी बड़ा ताव था
सभी तापते रहे रात-भर तिरा ज़िक्र किया था अलाव था

**शमीम अब्बास**

झूठी क़समें झूठे वायदे जान-ए-मन बर्दाश्त नहीं
हमको मुग़ल माशूक़ों वाले चाल-चलन बर्दाश्त नहीं

**तालिब रामपुरी**

ज़रा भी लहजे में शाइस्तगी नहीं आई
तुम्हें ज़बान अभी लखनवी नहीं आई

**आज़म सिद्दीक़ी**

ग़ज़ल उसने छेड़ी मुझे साज़ देना
ज़रा उम्र-ए-रफ़्ता को आवाज़ देना

**सफ़ी लखनवी**

रक़ीबों ने रपट लिखवाई है जा-जा के थाने में
कि अकबर नाम लेता है ख़ुदा का इस ज़माने में

**अकबर इलाहाबादी**

न मेरा है न तेरा है ये हिन्दोस्तान सब का है
नहीं समझी गई ये बात तो नुक़सान सब का है

**उदय प्रताप सिंह**

जो साँप पाले थे बर्बादियों ने छीन लिए
हम अब सुकून से बैठे हैं आस्तीन लिए

**अक़ील नुमानी**

जी की जी में रही कुछ बात ना होने पाई
एक भी उस से मुलाक़ात न होने पाई

**दर्द, ख़्वाजा मीर देहलवी**

हर एक की हम पसन्द ठहरे हर एक का इंतिख़ाब निकले
हमीं को अच्छा बताया सबने हमी ज़्यादा ख़राब निकले

**अक़ील नुमानी**

क़ैस का नाम न लूँ ज़िक्र जुनूँ जाने दो
देख लेना मुझे तुम मौसम-ए-गुल आने दो

**बर्क़ लखनवी**

नदी का क्या है जिधर चाहे उस डगर जाए
मगर ये प्यास मुझे छोड़ दे तो मर जाए

**अखिलेश तिवारी**

तिरी तमन्ना को सबसे पहला अज़ाब लिखता
अगर मैं बीते हुए दिनों का हिसाब लिखता

**माजिद देवबन्दी**

मरने के इंतज़ार में जीने दिया गया
मैं ज़हर पी रहा था तो पीने दिया गया

**महशर आफ़रीदी**

बने रिश्ते बिगाड़े जा रहे हैं
गड़े मुर्दे उखाड़े जा रहे हैं

**जावेद नसीमी**

ये शहर इन्क़िलाब का ख़ूँ गर नहीं रहा
आईना मिल गया है तो पत्थर नहीं रहा

**इशरत आफ़रीं**

इस दौर-ए-तरक़्क़ी के अंदाज़ निराले हैं
ज़हनों में अँधेरे हैं सड़कों पे उजाले हैं

**दिवाकर राही**

यहाँ मेरा कोई अपना नहीं है
चलो अच्छा है कुछ ख़तरा नहीं है

**तारिक़ क़मर**

मग़रूर हो गए थे ज़माने समेट कर
पर रख दिए हमारे ख़ुदा ने समेट कर

**तालिब रामपुरी**

उतरता है जो आँखों से तुम्हारे ग़म का पैराहन
सहर को गुल पहनते हैं वही शबनम का पैराहन

**ताहिर फ़राज़**

आदमियत का दिया पैग़ाम तेरा शुक्रिया
शुक्रिया पैग़ंबर-ए-इस्लाम तेरा शुक्रिया

**दिवाकर राही**

ये क्या कहा कि मेरी बला भी न आएगी
क्या तुम ना आओगे तो क़ज़ा भी न आएगी

**दाग़ देहलवी**

अब तो घबरा के ये कहते हैं कि मर जाएँगे
मर के भी चैन न पाया तो किधर जाएँगे

**दर्द, ख़्वाजा मीर देहलवी**

हसीनों से फ़क़त साहिब सलामत दौर की अच्छी
न उनकी दोस्ती अच्छी ना इनकी दुश्मनी

**हफ़ीज़ मुहम्मद अली जौनपुरी**

हम तो यूँ ख़ुश थे कि इक तार गिरेबान में है
क्या ख़बर थी कि बहार उस के भी अरमान में है

**अहमद फ़राज़**

था मिरी जस्त पे दरिया बड़ी हैरानी में
क्यों मिरा अक्स बहुत देर रहा पानी में

**रज़ी अख़्तर शौक़**

मिल ही जाएगा कभी दिल को यक़ीं रहता है
वो इसी शहर की गलियों में कहीं रहता है

**अहमद मुश्ताक़**

किसी के जोर-ओ-सितम याद भी नहीं करता
अजीब शहर है फ़रियाद भी नहीं करता

**इफ़्तिख़ार आरिफ़**

सितारों से आगे जहाँ और भी हैं
अभी इश्क़ के इम्तिहाँ और भी हैं

**अल्लामा इक़बाल**

करे दरिया न पुल मिस्मार मेरे
अभी कम लोग हैं उस पार मेरे

**महशर बदायुनी**

देखता हूँ दौर इक दीवार में
सोचता रहता हूँ उस के पार में

**अमीर हसन**

कहने को समंदर में नदी डूब गई
सच्च ये है कि इक पूरी सदी डूब गई

**अख़्तर अंसारी**

गहरे समंदरों को भी पायाब देखना
हमको डुबो ना दे कहीं ये ख़्वाब देखना

**आज़ाद गुलाटी**

कहते हैं कि आता है मुसीबत में ख़ुदा याद
हम पर तो वो गुज़री की ख़ुदा भी न रहा याद

**जगन्नाथ आज़ाद**

वो शख़्स क्या हुआ, जो मुक़ाबिल था सोचिए
बस इतना कह के आईने ख़ामोश हो लिए

**राज नारायण राज़**

हो के बेचैन मैं भागा किया आहू की तरह
बस गया था मेरे अंदर कोई ख़ुशबू की तरह

**कृष्ण बिहारी नूर**

दोस्त करते हैं सुलूक आज ज़माने वाला
मैं जो तन्हा हूँ तो कोई नहीं आने वाला

**कृष्ण कुमार**

बैठ जाता हूँ जहाँ छाँव घनी होती है
हाय क्या चीज़ ग़रीब-उल-वतनी होती है

**हफ़ीज़ , मुहम्मद अली जौनपुरी**

जब मैं दरोग़ गर था बड़ा एहतिमाम था
"अल्लाह की क़सम" मिरा तकियाकलाम था

**दिवाकर राही**

इक मुअम्मा है समझने का न समझाने का
ज़िन्दगी काहै को है ख़्वाब है दीवाने का

**फ़ानी बदायुनी**

दश्त की रात गुज़र कर जो सहर आई है
धूप भी साया दीवार नज़र आई है

**ख़याल रामपुरी**

मुझको जो लाया है ये दरिया दिखाने के लिए
ख़ुद नहीं उतरेगा पानी में बचाने के लिए

**प्रोफ़ेसर अख़्तर नज़्मी**

वो कहते हैं रंजिश की बातें भुला दें
मुहब्बत करें, ख़ुश रहें, मुस्कुरा दें

**अख़्तर शीरानी**

दरोदीवार पर हसरत से नज़र करते हैं
ख़ुश रहो अह्ले वतन हम तो सफ़र करते हैं

**नवाब वाजिद अली शाह**

दूर से आए थे साक़ी सुन के मयख़ाने को हम
पर तरसते ही चले अब एक पैमाने को हम

**मीरज़ा बेदिल**

ऐ सनम वस्ल की तदबीरों से क्या होता है
वही होता है जो मंज़ूर-ए-ख़ुदा होता है

**बर्क़ लखनवी**

बिछड़ना चाहते हो तो किनारा क्यों नहीं करते
किसी उलझन में हो तो इस्तिख़ारा क्यों नहीं करते

**तारिक़ क़मर**

निगाह-ए-बर्क़ नहीं चेहरा आफ़ताब नहीं
वो आदमी है मगर देखने की ताब नहीं

**जलील मानिकपुरी**

मेरे रोने का जिसमें क़िस्सा है
उम्र का बेहतरीन हिस्सा है

**जोश मलीहाबादी**

आगाह अपनी मौत से कोई बशर नहीं
सामान सौ बरस के हैं कल की ख़बर नहीं

**हैरत मुहम्मद जान इलाहाबादी**

बुतों के मुँह से सुना जो, उसे बजा समझे
ज़बान-ए-ख़ल्क़ को नक़्क़ारा ख़ुदा समझे

**शाद लखनवी पीर-ओ-मीर**

ग़ज़ल उसने छेड़ी मुझे साज़ देना
ज़रा उम्र-ए-रफ़्ता को आवाज़ देना

**सफ़ी लखनवी**

तिरछी नज़रों से न देखो आशिक़-ए-दिल-गीर को
कैसे तीर-अंदाज़ हो सीधा तो कर लो तीर को

**वज़ीर लखनवी**

इन चाहतों का कोई नतीजा नहीं तो क्या
हम तो उसी के हैं वो हमारा नहीं तो क्या

**तारिक़ क़मर**

आज साक़ी में नहीं गो कि मुरव्वत बाक़ी
ख़ैर ज़िन्दा है अगर यार तो सोहबत बाक़ी

**असीर , सय्यद मुज़फ़्फ़र अली**

सारे जहाँ से अच्छा हिंदुस्ताँ हमारा
हम बुलबुलें हैं इस की ये गुलसिताँ हमारा

**इक़बाल, सर मुहम्मद**

दुनिया में हूँ दुनिया का तलबगार नहीं हूँ
बाज़ार से गुज़रा हूँ ख़रीदार नहीं हूँ

**अकबर, सय्यद अकबर हुसैन इलाहबादी**

रूह किस मस्त की प्यासी गई मय-ख़ाने से
मय उड़ी जाती है साक़ी तेरे पैमाने से

**दाग़ देहलवी**

लहद में सामने जब दफ़्तर-ए-हिसाब आया
गुनाह देख के क्या-क्या मुझे हिजाब आया

**अनीस, मीर बब्बर अली**

ये मिसरा काश नक़्श-ए-हर दर-ओ-दीवार हो जाए
जिसे जीना हो मरने के लिए तैयार हो जाए

**जिगर अली सिकन्दर मुरादाबादी**

जिसको तेरा ख़्याल होता है
उस को जीना मुहाल होता है

**हातिम, शाह**

तुम्हें ग़ैरों से कम फुर्सत हम अपने ग़म से कम ख़ाली
चलो बस हो चुका मिलना ना तुम ख़ाली ना हम ख़ाली

**हसरत मोहानी**

जो दिल है साफ़ तो बेजा मिरा सवाल नहीं
उट्ठो गले से लगा लो अगर मलाल नहीं

**हफ़ीज़ मुहम्मद अली जौनपुरी**

जब वो मेरे क़रीब से हँस कर गुज़र गए
कुछ ख़ास दोस्तों के भी चेहरे उतर गए

**मुशीर झंझानवी**

है जुस्तजू कि ख़ूब से है ख़ूब-तर कहाँ
अब देखिए ठहरती है जा कर नज़र कहाँ

**मौलाना हसरत मोहानी**

पहले की तरह ज़िद भी नहीं है कि वही हो
अब इतने बड़े शहर में अपना तो कोई हो

**तालिब रामपुरी**

ग़ज़ब किया तिरे वायदे पर ऐतबार किया
तमाम रात क़ियामत का इंतिज़ार किया

**दाग़ देहलवी**

बाक़ी है बू गुलों के बिखरने के बाद भी
ज़िन्दा बहुत से लोग हैं मरने के बाद भी

**अक़ील नुमानी**

साहिब-ए-फ़हम-ओ-फ़रासत जो हैं घर बैठे हैं
और मसनद पे कई शो'बदा-गर बैठे हैं

**तारिक़ क़मर**

इतना भी करम उनका कोई कम तो नहीं है
ग़म दे के वो पूछे हैं कोई ग़म तो नहीं है

**दिवाकर राही**

कोई हसीं मंज़र आँखों से जब ओझल हो जाएगा
मुझको पागल कहने वाला ख़ुद पागल हो जाएगा

**ताहिर फ़राज़**

फूल तो दो दिन बहार-ए-जाँ फ़िज़ा दिखला गए
हसरत उन ग़ुंचों पे है जो बिन खिले मुरझा गए

**दर्द, ख़्वाजा मीर देहलवी**

रंग पैराहन का ख़ुशबू ज़ुल्फ़ लहराने का नाम
मौसम-ए-गुल है तुम्हारे बाम पर आने का नाम

**फ़ैज़, फ़ैज़ अहमद**

ना तड़पने की इजाज़त है ना फ़रियाद की है
घुट के मर जाऊँ ये मर्ज़ी मेरे सय्याद की है

**मुज़फ़्फ़र ख़ैराबादी**

हम हुए तुम हुए कि मीर हुए
उस की ज़ुल्फ़ों के सब असीर हुए

**मीर तक़ी मीर**

कुछ यादगार शहर सितमगर ही ले चलें
आए हैं इस गली में तो पत्थर ही ले चलें

**नासिर काज़मी**

लाए उस बुत को इल्तिजा कर के
कुफ़्र टूटा ख़ुदा ख़ुदा कर के

**नसीम, दयाशंकर**

आग़ाज़ किसी शय का ना अंजाम रहेगा
आख़िर वही अल्लाह का इक नाम रहेगा

**नज़ीर अकबराबादी**

शेख़-साहब को कहीं वक़्त-ए-अज़ाँ देखा है
ये मगर हम ना बताएँगे कहाँ देखा है

**दिवाकर राही**

दिन ढल गया तो रात गुज़रने की आस में
सूरज नदी में डूब गया हम गिलास में

**राहत इंदौरी**

उनको हम ख़ाक-नशीनों का ख़्याल आने तक
शहर तो शहर बदल जाएँगे वीराने तक

**क़मर जलालवी**

मंज़िलें लाख कठिन आएँ गुज़र जाऊँगा
हौसला हार के बैठूँगा तो मर जाऊँगा

**साक़ी अमरोहवी**

मुझे मालूम है कि मैं मदीने जा नहीं सकता
मगर क्या ख़्वाब में भी मेरे काबा आ नहीं सकता

**शमशेर सिंह**

बे-ख़याली में यूँ ही बस इक इरादा कर लिया
अपने दिल के शौक़ को हद से ज़्यादा कर लिया

**मुनीर नियाज़ी**

हम जुड़े रहते थे आबाद मकानों की तरह
अब ये बातें हमें लगती हैं फ़सानों की तरह

**नामालूम**

जब छाई घटा, लहराई धनक  इक हुस्न-ए-मुकम्मल याद आया
इन हाथों की मेहंदी याद आई, उन आँखों का काजल याद आया

**बशर नवाज़**

वो अपने हाथ से साग़र न दें शराब न दें
निगाह फेर के लेकिन हमें जवाब न दें

**दिवाकर राही**

वो तो अच्छा है ग़ज़ल तेरा सहारा है मुझे
वर्ना फ़िकरों ने तो बस घेर के मारा है मुझे

**अबरार काशिफ़**

दीवार बन गई है मगर दर नहीं बना
मेरा ख़्याल है कि अभी घर नहीं बना

**नवाज़ देवबन्दी**

तेरी हर बात मुहब्बत में गवारा कर के
दिल के बाज़ार में बैठे हैं ख़सारा कर के

**राहत इंदौरी**

ये करें और वो करें, ऐसा करें वैसा करें
ज़िन्दगी दो दिन की है दो दिन में हम क्या-क्या करें

**नज़ीर बनारसी**

इक करब-ए-मुसलसल की सज़ा दें तो किसे दें
मक़तल में हैं जीने की दुआ दें तो किसे दें

**अनीस मोईन**

हमीं को क़ातिल कहेगी दुनिया हमारा ही क़तल-ए-आम होगा
हमीं कुएँ खोदते फिरेंगे हमीं पे पानी हराम होगा

**मेराज फ़ैज़ाबादी**

कितना दुश्वार है जज़्बों की तिजारत करना
एक ही शख़्स से दो बार मुहब्बत करना

**लियाक़त जाफ़री**

किसी को अपने अमल का हिसाब क्या देते
सवाल सारे ग़लत थे जवाब क्या देते

**मुनीर नियाज़ी**

मय-कशों की लग़्ज़िशें नाज़ से न टालिए
आपने पिलाई थी आप ही सँभालिये

**हक़ कानपुरी**

थकना भी लाज़िमी है कुछ काम करते-करते
कुछ और थक गया हूँ आराम करते-करते

**ज़फ़र इक़बाल**

बदन के सारे जज़ीरे शुमार करते हुए
मैं थक गया हूँ समंदर को पार करते हुए

**शकील जमाली**

आ तिरे संग ज़रा पेंग बढ़ाई जाए
ज़िन्दगी बैठ तुझे चाय पिलाई जाए

**शमीम अब्बास**

ख़्याल जिसका था मुझे ख़्याल में मिला मुझे
सवाल का जवाब भी सवाल में मिला मुझे

**मुनीर नियाज़ी**

रुख़सत हुआ तो आँख मिला कर नहीं गया
वो कब गया है ये भी बता कर नहीं गया

**शहज़ाद अहमद**

मेरे आँसू तेरी आँखों से अगर मिल जाएँ
जितने मुरझाए हुए फूल हैं सब खिल जाएँ

**ताहिर फ़राज़**

कतरा के ज़िन्दगी से गुज़र जाऊँ क्या करूँ
रुसवाइयों के ख़ौफ़ से मर जाऊँ क्या करूँ

**नुसरत मेहदी**

शरीक होते जनाज़े में कैसे शाम के बाद
लगा दिया गया कर्फ़्यू था क़त्ल-ए-आम के बाद

**रफ़ीक़ राज़**

साया हुआ हिसार हुआ या शजर हुआ
आया मैं जिसकी आड़ में मेरा घर हुआ

**फ़ारूक़ नाज़की**

ज़हन में रखते हैं पहचान समझ लेते हैं
कश्तियाँ किस की हैं तूफ़ान समझ लेते हैं

**अक़ील नुमानी**

सच बोलने वालों का मुक़द्दर नहीं देखा
क्या आपने नेज़े पे कोई सर नहीं देखा

**बशीर बद्र**

ग़ैरों को भला समझे और मुझको बुरा जाना
मुझको भी तू क्या समझे जाना भी तो क्या जाना

**मीर मेहदी मजरूह**

कुछ तो अरमान-ए-दिल निकल जाते
वायदा कर लेते फिर बदल जाते

**हक़ कानपुरी**

उजले मोती हमने माँगे थे किसी से थाल भर
और उस ने दे दिए आँसू हमें रूमाल भर

**शाहिद मीर**

जवाँ नज़रों पे कब उंगली उठाना भूल जाते हैं
पुराने लोग हैं अपना ज़माना भूल जाते हैं

**वसीम बरेलवी**

दिलों पे छाने लगा धड़कनों की जान हुआ
जब एक उम्र गुज़ारी तो मैं जवान हुआ

**नाशिर नक़वी**

उसको आदाब बिछड़ने के सिखाता हुआ मैं
जाते-जाते उसे सीने से लगाता हुआ मैं

**अज़हर इनायती**

ख़ुद को किरदार से ओझल नहीं होने देता
वो कहानी को मुकम्मल नहीं होने देता

**सलीम कौसर**

तू मुझको सुन रहा है तो सुनाई क्यों नहीं देता
ये कुछ इल्ज़ाम हैं मेरे सफ़ाई क्यों नहीं देता

**मनीष शुक्ला**

जुनूँ में रेत को यूँ ही नहीं निचोड़ा था
हमारी प्यास ज़्यादा थी पानी थोड़ा था

**पवन कुमार**

फूल शाख़ों पे खिले हैं कितने
उनमें से हमको मिले हैं कितने

**उबैद सिद्दीक़ी**

बस दर-ओ-दीवार मिल जाते हैं घर मिलता नहीं
ऐसा दस्तारों का जमघट है कि सर मिलता नहीं

**डॉक्टर नसीम सिद्दीक़ी**

ये तुझको प्यार से अपना बना कर मारेंगे
नए यज़ीद हैं पानी पिला के मारेंगे

**तहसीन मुनव्वर**

सिलसिला ख़्वाब का आँखों से जुड़ा रहने दे
उस जज़ीरे को समंदर से मिला रहने दे

**तारिक़ सब्ज़वारी**

ये तो तय है कि हमें बज़्म में रहना होगा
तू बता क्या तेरी तारीफ़ में कहना होगा

**बकुल देव**

ज़िन्दगी भर एक ही कार-ए-हुनर करते रहे
इक घरौंदा रेत का था जिसको घर करते रहे

**अंबरीन अंबर**

अपनी जैसी ही किसी शक्ल में ढालेंगे तुम्हें
हम बिगड़ जाएँगे इतना कि बना लेंगे तुम्हें

**अभिषेक शुक्ला**

मुहब्बत का कानों में रस घोलते हैं
ये उर्दू ज़बाँ है जो हम बोलते हैं

**शरफ़ नानपारवी**

नज़र मिलाते हैं हँसते हैं रूठ जाते हैं
सलीक़े मंद सलीक़े से दिल दुखाते हैं

**असीर बुरहानपुरी**

आया तो लौट कर वो कभी जाएगा नहीं
अब के अगर गया तो कभी आएगा नहीं

**डॉक्टर कलीम ज़िया**

मेरे तन के ज़ख़्म न गिन अभी मिरी आँख में अभी नूर है
मिरे बाज़ुओं पे निगाह कर जो ग़रूर था वो ग़रूर है

**अहमद फ़राज़**

पैकर-ए-नूर में ढलता ही चला जाता हूँ
लौ पकड़ लूँ तो मैं जलता ही जाता हूँ

**अभिषेक शुक्ला**

हाकिम-ए-वक़्त उतर आया अदाकारी पर
लोग मजबूर हैं ज़ालिम की तरफ़दारी पर

**रईस अंसारी**

लोग कहते हैं कि इस खेल में सर जाते
इश्क़ में इतना ख़सारा है तो घर जाते

**शकील जमाली**

कोई मौजूँ हो तेरा हवाला अच्छा लगता है
फिर उस के बाद हर चुप रहने वाला अच्छा लगता है

**जमाल एहसानी**

घर में बैठूँ हूँ तो चलने का हुनर जाता है
और घर छोड़ के जाता हूँ तो घर जाता है

**चरण सिंह बशर**

छू कर यक़ीं न आए तो बे-शक पहन के देख
बनना है तुझको चाँद तो अजरक पहन के देख

**रहमान हारिस**

अब क्या गिला करेंगे ज़मीन आसमान का
मौसम बदल गया है ख़ुद अपने मकान का

**डॉक्टर कलीम ज़िया**

तंग आकर ग़लत बयानी से
हम अलग हो गए कहानी से

**मंसूर उस्मानी**

झुक के चलता हूँ क़द उस के बराबर न लगे
दूसरा ये कि उसे राह में ठोकर न लगे

**अमीर नजमी**

जब तिरा इंतिज़ार होता है
फूल नज़रों पे बार होता है

**क़मर मुरादाबादी**

दीवाने की नज़रों को जहाँ देख रहा है
दीवाना ख़ुदा जाने कहाँ देख रहा है

**क़मर मुरादाबादी**

ख़ुद को जीने की तसल्ली में बहाने नहीं देता
अब तेरी याद भी आए तो मैं आने नहीं देता

**ख़लील-उल-रहमान क़मर**

आओ मनाएँ जश्न-ए-मुहब्बत-ए-जाम उठाएँ जाम के बाद
शाम से पहले कौन ये सोचे क्या होना है शाम के बाद

**मजरूह सुलतानपुरी**

नुक़ूश -ए-उम्र-ए-गुज़िश्ता समेट लाए हैं
ये रंग रंग के बादल कहाँ से आए हैं

**कौसर जायसी**

आते-जाते हुए इक पल को जो ज़ीने में मिले
जिस्म दोनों के शराबोर पसीने में मिले

**क़मर इक़बाल**

इस एक ख़्वाब की ताबीर में ज़माने लगे
कि मेरा नाम तेरे साथ-साथ आने लगे

**यासमीन याद**

तुमको वहशत तो सिखा दी है गुज़ारे लायक़
और कोई, हुक्म कोई काम हमारे लायक़

**अमीर नजमी**

इसी पे आँख ठहरती है प्यारा लगता है
हमें जो देख ले हँस के हमारा लगता है

**शब्बीर नाज़िश**

कौन पुरसान-ए-हाल है मेरा
ज़िन्दा रहना कमाल है मेरा

**साक़ी अमरोहवी**

किस शय पे यहाँ वक़्त का साया नहीं होता
इक ख़्वाब-ए-मोहब्बत है कि बूढ़ा नहीं होता

**अहमद मुश्ताक़**

हमने दुनिया ही में दुनिया की हक़ीक़त देखी
यहीं दोज़ख़ नज़र आई यहीं जन्नत देखी

**जिगर मुरादाबादी**

सजा के चेहरे पर सच्चाईयाँ निकलता हो
वो जिसका झूठ पे सब कारोबार चलता हो

**रईस अंसारी**

कहानी को कोई तो मोड़ दो ना
बुरे हैं हम तो हमको छोड़ दो ना

**हामिद भुसवाली**

ख़ून से जब जला दिया एक दिया बुझा हुआ
फिर मुझे दे दिया गया एक दिया बुझा हुआ

**पीरज़ादा क़ासिम**

इश्क़ की चोट का कुछ दिल पे असर हो तो सही
दर्द कम हो कि ज़्यादा हो, मगर हो तो सही

**जलाल लखनवी**

जाने क्या बात हुई है जो ख़फ़ा बैठा है
गुज़ागें इक शख़्स बग़ावत पे तुला बैठा है

**सलीम कौसर**

तुम ना फ़रियाद किसी की ना फ़ुग़ाँ सुनते हो
अपने मतलब ही की सुनते हो जहाँ सुनते हो

**वज़ीर लखनवी**

कहाँ मिलेगा वो मुझसे अगर यहाँ भी रहे
मिरी दुआ है कि वो ख़ुश रहे जहाँ भी रहे

**नासिर काज़मी**

पुकारे जाते थे शीशे से पत्थर काटने वाले
वही हम लोग हैं फ़ाक़े से दिन-भर काटने वाले

**जमील अहमद जमील**

पता चला कि मिरी ज़िन्दगी में लिखा था
वो जिसका नाम कभी डायरी में लिखा था

**मुजाहिद फ़राज़**

हमको मिटा सके ये ज़माने में दम नहीं
हमसे ज़माना ख़ुद है ज़माने से हम नहीं

**जिगर मुरादाबादी**

पंजर हमारा पीठ पे वो लाद कर गया
बेटे ने जो किया नहीं दामाद कर गया

**मुनव्वर राना**

अब मुझे और कहीं भी तो नहीं जाना है
चैन करने को ज़रा ज़ेर-ए-ज़मीं जाना है

**अख़्तर उसमान**

दफ़न जो सदियों तुल्य है वो ख़ज़ाना दे दे
एक लम्हे को मुझे अपना ज़माना दे दे

**मुज़फ़्फ़र वारसी**

मैं ये किस के नाम लिखूँ जो अलम गुज़र रहे हैं
मेरे शहर जल रहे हैं मिरे लोग मर रहे हैं

**उबैदुल्लाह अलीम**

ऐसा नहीं कि सिर्फ़ ज़मीन के नहीं रहे
तुमसे बिछड़ने वाले कहीं के नहीं रहे

**आतिफ़ गोंडवी**

शायरी झूठ सही इश्क़ फ़साना ही सही
ज़िन्दा रहने के लिए कोई बहाना ही सही

**समीना राजा**

तुझ पर मिरी रुसवाई का इल्ज़ाम तो है ना
दिल तोड़ने वालों में तिरा नाम तो है ना

**अख़्तर उसमान**

वो ना आएँ तो हवा भी नहीं आया करती
उसकी ख़ुशबू भी अकेली नहीं आया करती

**मुज़फ़्फ़र वारसी**

बढ़े चलो कि ज़माने को ये दिखाना है
जहाँ हमारे क़दम हैं वहीं ज़माना है

**कैफ़ मुरादाबादी**

निगाहें नीची रखते हैं बुलन्दी के निशाँ वाले
उठा कर सर नहीं चलते ज़मीं पर आसमाँ वाले

**तरफ़ा क़ुरैशी**

अँधेरे कम हों तो जुगनू की रोशनी देखूँ
मैं क़त्लगाह से निकलूँ ज़िन्दगी देखूँ

**मुनव्वर राना**

ज़मीं ने कहा आओ आकाश, खेलें
तुम्हें भी हो फ़ुर्सत तो हम ताश खेलें

**ज़ुबैर फ़ारूक़**

हवा भी है ख़िलाफ़ और रात भी स्याह है
चिराग़ पूछता है कोई मेरा ख़ैर-ख़्वाह है

**राकेश तूफ़ान**

हैरत है नादानी पर
रेत का घर और पानी पर

**तारिक़ क़मर**

तुमने हिजरत की चलो तुम तो मुहाजिर हो गए
हम यहाँ हाज़िर रहे और गैरहाज़िर हो गए

**डॉक्टर नसीम अलज़फ़र**

ज़िन्दगी में बबूल रखे गए
और तुर्बत(मज़ार) पे फूल रखे गए

**तारिक़ क़मर**

मैंने आवाज़ तुम्हें दी है बड़े नाज़ के साथ
अब तो आवाज़ मिला दो मेरी आवाज़ के साथ

**दिवाकर राही**

ये अजब दौर है क्या जानिए क्या हो जाए
कल किसे कौन मिले कौन जुदा हो जाए

**बशीर फ़ारूक़ी**

ज़बान रसीद सी, चेहरा लगान जैसा है
वो सर से पाँव तक हिन्दोस्तान जैसा है

**अहमद कमाल परवाज़ी**

दरवाज़ा चाहता है कि दस्तक मिले कोई
तन्हाइयों का रोना है कब तक मिले कोई

**ख़लील धितजवी**

फ़िक्र की दौलत पास है जिसके उसने शे'र हज़ार कहे
अपने पास तो पूँजी कम है मुश्किल से दो-चार कहे

**अगम शर्मा**

चाँदनी में रात-भर सारा जहाँ अच्छा लगा
धूप जब फैली तो अपना ही मकाँ अच्छा लगा

**अनवर जलालपुरी**

मैं अपनी हर तमन्ना ज़िन्दगी से हार बैठा हूँ
मगर इक और बाज़ी के लिए तैयार बैठा हूँ

**खुशबीर सिंह शाद**

ख़मोशी से मुसीबत और भी संगीन होती है
तड़प ऐ दिल तड़पने से ज़रा तसकीन होती है

**शाद अज़ीमाबादी**

जब से तू ने मुझे दीवाना बना रखा है
संग हर शख़्स ने हाथों में उठा रखा है

**हुक्म नासिर**

बन के हमदर्द मेरे आए न जाने कितने
मेरी आँखों ने भी देखे हैं ज़माने कितने

**हुमा परवीन**

अदावतें नसीब हो के रह गईं
मुहब्बतें रक़ीब हो के रह गईं

**इशरत आफ़रीं**

बिछड़ते वक़्त भी चेहरा नहीं उतरता है
यहाँ सरों से दुपट्टा नहीं उतरता है

**मुनव्वर राना**

क़ौम के ग़म में डिनर खाता है हुक्काम के साथ
रंज डर को बहुत है मगर आराम के साथ

**अकबर सय्यद अकबर हुसैन इलाहाबादी**

इज़्ज़त ना पा सकोगे बुज़ुर्गों के नाम से
जानेंगे लोग तुमको तुम्हारे ही काम से

**ज़ुबैर फ़ारूक़ (दुबई)**

ये सोच कर कि तेरी जबीं पर न बल पड़े
बस दूर ही से देख लिया और चल पड़े

**शहज़ाद अहमद**

डर जाओगे बशर का जो चेहरा दिखाई दे
अच्छा उसी को जानो जो अच्छा दिखाई दे

**शान-उल-हक़ हक़्क़ी**

रात सुहानी झील किनारा पानी में दो पल पाँव
चाँद ख़ुशी से चूम रहा है गौरी के चमकीले पाँव

**तमसील जावेद**

ये शेख़-ओ-ब्राहमण हमें अच्छे नहीं लगते
हम जितने हैं ये उतने भी सच्चे नहीं लगते

**निदा फ़ाज़ली**

उस दिन से अजब सूरत-ए-हालात में हम हैं
मुजरिम है कोई और हवालात में हम हैं

**सय्यद ज़मीर जाफ़री**

गाँव लौटे शहर से तो सादगी अच्छी लगी
हमको मिट्टी के दिए की रोशनी अच्छी लगी

**हुस्न काज़मी**

ये कौन जा रहा है मेरा गाँव छोड़ के
आँखों ने रख दिए हैं समंदर निचोड़ के

**अंजुम रहबर**

वो रोब-ए-हुस्न था उस का, सलाम भूल गया
कर उसका न तआरुफ़, मैं नाम भूल गया

**नासिर ज़ैदी**

उस की ख़ुशबू भी अकेली नहीं आया करती
वो न आए तो हवा भी नहीं आया करती

**मुज़फ़्फ़र वारसी**

कट गई है जो ज़बाँ होंठ हिलाते रहना
अपने होने का तो एहसास दिलाते रहना

**आरिफ़ शफ़ीक़**

मैं ख़्याल हूँ किसी और का मुझे सोचता कोई और है
सर-ए-आईना मेरा अक्स है पस-ए-आईना कोई और है

**सलीम कौसर**

किस कर्ब में हिजरत की सज़ा काट रहे हैं
मिट्टी से बग़ावत की सज़ा काट रहे हैं

**मुहसिन चंगेज़ी**

घर में बर्फ़ के फूल सजाये सूरज को मेहमान किया
आज मरे एज़ाज़ में उसने क्या अच्छा सामान किया

**हिजाब अब्बासी**

घड़ी-भर को अगर मेहमान होता
तिरा मुझ पर बड़ा एहसान होता

**क़मर जमाली अमरोहवी**

इधर करती है पर्दा और उधर जलवे दिखाती है
वो घर की छत पे क्यों आए जो इंटरनैट पे आती है

**सरफ़राज़ शाहिद**

क्या रात थी जब बदले गए नाम हमारे
फिर सुबह को ख़ैमे थे ना ख़ुद्दाम हमारे

**इज़्हार-उल-हक़**

ये कामयाबियाँ इज़्ज़त ये नाम तुमसे है
ऐ मेरी माँ मिरा सारा मुक़ाम तुमसे है

**सय्यद वसी शाह**

इश्क़ की राहों पे चलना है तो रुसवाई न देख
तुझको पानी में उतरना है तो गहराई न देख

**अख़्तर सईदी**

बद्दुआएँ भी अगर देगा तो क्या हो जाएगा
मेरा कुछ जाता नहीं उस का भला हो जाएगा

**रना सहरी**

हमने माना कि अँधेरों से लड़ाई होती
तुम में हिम्मत थी तो इक शम्मा जलाई होती

**डॉक्टर रफ़ीआ शबनम आबदी**

अजीब लुत्फ़-ए-मोहब्बत की दास्तान में है
वफ़ा का तज़किरा दुनिया की हर ज़बान में है

**ज़फ़र नसीमी**

यूँ तो लिखने के लिए क्या नहीं लिखा मैंने
फिर भी जितना तुझे चाहा नहीं लिखा मैंने

**रज़ी अख़्तर शौक़**

हमारे घर में यूँ तो क्या नहीं है
बस इतना है कोई रहता नहीं है

**तहसीन सरवरी**

मुहब्बत करने वाले कम न होंगे
तिरी महफ़िल में लेकिन हम न होंगे

**हफ़ीज़ होशियारपुरी**

अब तीरगी रहेगी सवेरा चला गया
तुम क्या गए कि मायका मेरा चला गया

**मुनव्वर राना**

सहरा के संगीन सफ़र में आब रसानी कम न पड़े
सारी आँखें भर कर रखना देखो पानी कम न पड़े

**फ़रहत एहसास**

वो अपने घर के दरीचे से झाँकता कम है
ताल्लुक़ात तो अब भी हैं राबिता कम है

**नवाज़ देवबन्दी**

कहानी मेरी रूदाद-ए-जहाँ मालूम होती है
जो सुनता है उसी की दास्ताँ मालूम होती है

**सीमाब**

तुम्हारी ज़ुल्फ़ के साये में गुज़रे ज़िन्दगी अपनी
यही पहली तमन्ना थी यही है आख़िरी अपनी

**शेअरी भोपाली**

कोई उस के बराबर हो गया है
ये सुनते ही वो पत्थर हो गया है

**विकास शर्मा राज़**

गर मुहब्बत का राज हो जाए
नफ़रतों का ईलाज हो जाए

**डॉक्टर हमीद (कराची)**

बचा के आँखों में उस की ग़रूर बोलता है
मगर बदन से बदन का शऊर बोलता है

**ज़िया ज़मीर**

जख़्मों से चूर चूर बदन लब पे जान है
ऐसे में हौसलों का मिरे इम्तिहान है

**तशना आज़मी**

दुनिया सोचे शौक़ से सोचे आज और कल के बारे में
मैं क्यों अपना चैन गँवाऊँ उस पागल के बारे में

**प्रेमवार**

हवाए गरमई सूद-ओ-ज़ियाँ से रूठ गए
ज़रा सी बात पे सारे जहाँ से रूठ गए

**ख़ुरशीद उल-इस्लाम**

हमारे अपने हमारे लिए पराए हुए
हम उनको लगने लगे हैं कहीं से आए हुए

**निशात**

जले चिराग़ भला कैसे ता सहर कोई
हवा के पास नहीं दूसरा हुनर कोई

**असअद बदायुनी**

क़िस्सा हमारा तुमसे सुना भी न जाएगा
तुम क्या सुनोगे हमसे कहा भी न जाएगा

**सग़ीर बिलग्रामी**

उम्र-भर उसने तो हर एक की दिलदारी की
उस के दिल ने न मगर उस से वफ़ादारी की

**कुँवर महेंद्र सिंह सहर**

बे-ख़ुदी में भी ये अंदाज़ हमारे न गए
न गए हम कहीं जब तक कि पुकारे न गए

**जलील नुमानी**

तुम्हारे लोग कहते हैं कमर है
कहाँ है, किस तरह की है किधर है

**आबरू**

दोरंगी छोड़ दे यक-रंग हो जा
सरापा मोम हो या संग हो जा

**सिराज औरंगाबादी**

तुम्हें ग़ैरों से कम फ़ुर्सत, हम अपने ग़म से कम ख़ाली
चलो बस हो चुका मिलना न तुम ख़ाली न हम ख़ाली

**जाफ़र अली हसरत**

दूर से आए थे साक़ी सुनके मयख़ाने को हम
बस तरसते ही चले अफ़सोस पैमाने को हम

**नज़ीर अकबराबादी**

लोग कहते हैं मुहब्बत में असर होता है
कौन से शहर में होता है किधर होता है

**मुसहफ़ी**

ऐ सनम जिसने तुझे चाँद सी सूरत दी है
उसी अल्लाह ने मुझको भी मोहब्बत दी है

**आतिश**

आसमाँ की कब है ताक़त जो छुड़ाए लखनऊ
लखनऊ मुझ पर फ़िदा है मैं फ़िदाए लखनऊ

**नासिख़**

अगर अपना कहा तुम आप ही समझे तो क्या समझे
मज़ा कहने का जब है इक कहे और दूसरा समझे

**ऐश देहलवी**

अब तो घबरा के ये कहते हैं कि मर जाएँगे
मर के भी चैन न पाया तो किधर जाएँगे

**ज़ौक़ देहलवी**

वक़्त-ए-पीरी शबाब की बातें
ऐसी हैं जैसे ख़्वाब की बातें

**ज़ौक़ देहलवी**

गुस्ताख़ हो के अर्ज़ किया है माफ़ हो
मैंने तो एक दिल भी न देखा जो साफ़ हो

**मोमिन**

क़ैस जंगल में अकेला है मुझे जाने दो
ख़ूब गुज़रेगी जो मिल बैठेंगे दीवाने दो

**मुंशी मियाँ दाद सय्याह**

सुबह होती है शाम होती है
उम्र यूँ ही तमाम होती है

**अहमद हुसैन अमीरुल्लाह तस्लीम**

सिम्त काशी से चला जानिब मथुरा बादल
बर्क़ के कांधे पे लाई है सबा गंगा जल

**मुहसिन काकोरवी**

कबाब-ए-सीख़ हैं हम करवटें हर-सू बदलते हैं
जल उठता है जो ये पहलू तो वो पहलू बदलते हैं

**अमीर मीनाई**

ग़ज़ब किया तिरे वायदे ये एतबार किया
तमाम रात क़ियामत का इंतज़ार किया

**दाग़ देहलवी**

ख़ुद से चल कर नहीं ये तर्ज़-ए-सुख़न आया है
पाँव दाबे हैं बुज़ुर्गों के तो फ़न आया है

**मुनव्वर राना**

दिल में अब यूँ तिरे भूले हुए ग़म आते हैं
जैसे बिछड़े हुए काबे में सनम आते हैं

**फ़ैज़ अहमद फ़ैज़**

बोर पेड़ों पे तो शाख़ों पर गुलाब आते हैं
तू कहीं है तो चला आ तेरे ख़्वाब आते हैं

**सलीम कौसर**

वहाँ पहुँच के ये कहना सबा सलाम के बाद
कि तेरे नाम की रट है ख़ुदा के नाम के बाद

**आसी ग़ाज़ीपुरी**

है जुस्तजू कि ख़ूब से है ख़ूब-तर कहाँ
अब देखिए ठहरती है जा कर नज़र कहाँ

**हाली**

अब भी इक उम्र पे जीने का न अंदाज़ आया
ज़िन्दगी छोड़ दे पीछा मिरा मैं बाज़ आया

**शाद अज़ीमाबादी**

तकलीफ़ मिट गई मगर एहसास रह गया
ख़ुश हूँ कि कुछ ना कुछ तो मिरे पास रह गया

**अब्दुल हमीद अदम**

वो कौन है दुनिया में जिसे ग़म नहीं होता
किसी घर में ख़ुशी होती है मातम नहीं होता

**रियाज़ ख़ैराबादी**

फानूस बन के जिसकी हिफ़ाज़त हवा करे
वो शम्मा क्या बुझे जिसे रोशन ख़ुदा करे

**शहीर मछलीशहरी**

दिल शौक़ हसीनों से लगाना नहीं अच्छा
हो जाओगे बदनाम-ए-ज़माना नहीं अच्छा

**अल्लामा शौक़ नेमवी**

निगाह बर्क़ नहीं चेहरा आफ़ताब नहीं
वो आदमी है मगर देखने की ताब नहीं

**जलील मानिकपुरी**

तुम्हारा दिल मिरे दिल के बराबर हो नहीं सकता
वो शीशा हो नहीं सकता ये पत्थर हो नहीं सकता

**दाग़ देहलवी**

हसीनों से फ़क़त साहिब सलामत दूर की अच्छी
न उन की दोस्ती अच्छी न इनकी दुश्मनी अच्छी

**हफ़ीज़ जौनपुरी**

पूछता क्या है तिरे आने से क्या-क्या हो गया
हाथ भर दिल बढ़ गया दुगुना कलेजा हो गया

**साइल देहलवी**

किस ने भीगे हुए बालों से ये झटका पानी
झूम के आई घटा, टूट के बरसा पानी

**अल्लामा आरज़ू लखनवी**

एक साग़र भी इनायत ना हुआ याद रहे
साक़िया जाते हैं महफ़िल तिरी आबाद रहे

**पण्डित ब्रज नारायण**

देखकर हर दरो-दीवार को हैराँ होना
वो मिरा पहले-पहल दाख़िल-ए-ज़िंदाँ होना

**अज़ीज़ लखनवी**

क्या हुस्न ने समझा है, क्या इश्क़ ने जाना है
हम ख़ाक-नशीनों की ठोकर में ज़माना है

**जिगर मुरादाबादी**

बहुत पहले से उन क़दमों की आहट जान लेते हैं
तुझे ऐ ज़िन्दगी हम दूर से पहचान लेते हैं

**फ़िराक़**

हयात ले के चलो कायनात ले के चलो
चलो तो सारे ज़माने को साथ ले के चलो

**मख़दूम महीउद्दीन**

हमसे भागा ना करो दूर ग़ज़ालों की तरह
हमने चाहा है तुम्हें चाहने वालों की तरह

**जांनिसार अख़्तर**

अब सोचते हैं लाएँगे तुझ सा कहाँ से हम
उठने को उठ तो आए तिरे आस्ताँ से हम

**मजरूह सुलतानपुरी**

मुहब्बत तर्क की मैं ने गरेबाँ सी लिया मैं ने
ज़माने अब तो ख़ुश हो, ज़हर ये भी पी लिया मैं ने

**साहिर लुधियानवी**

तलाक़ दे तो रहे हो इताब-ओ-क़हर के साथ
मेरा शबाब भी लौटा दो मेरे महर के साथ

**साजिद सजनी लखनवी**

रंजिश ही सही दिल ही दुखाने के लिए आ
आ फिर से मुझे छोड़ के जाने के लिए आ

**अहमद फ़राज़**

कभी किसी को मुकम्मल जहाँ नहीं मिलता
कहीं ज़मीं कहीं आसमाँ नहीं मिलता

**निदा फ़ाज़ली**

शोला भड़क उठा मिरे सीने के दाग़ से
आख़िर को आग लग गई घर के चिराग़ से

**महताब राय ताबानी**

पीरी में वलवले वो कहाँ हैं शबाब के
इक धूप थी कि साथ गई आफ़ताब के

**ख़ुरशीद**

सदमा -ए-हिज्र मिरी जान उठाने की नहीं
तू न आया तो मेरी मौत भी आने की नहीं

**ग़ाफ़िल**

जी में आता है कि इक रोज़ ये मंज़र देखें
सामने तुझको बिठाएँ, तुझे शब-भर देखें

**सलीम बेताब**

क़द-ओ-गेसू लब-ओ-रुख़्सार के अफ़साने चले
आज महफ़िल में तिरे नाम के पैमाने चले

**अहमद राही**

हुस्न और इश्क़ को जिस रोज़ कि ईजाद किया
मुझको दीवाना किया तुझको परीज़ाद किया

**तमकीन**

रुस्वा अगर न करना था आलम में यूँ मुझे
ऐसी निगाह-ए-नाज़ से देखा था क्यों मुझे

**रुसवा**

या रब कहीं से गर्मी-ए-बाज़ार भेज दे
दिल बेचते हैं कोई ख़रीदार भेज दे

**नवाब महर ख़ान रिंद**

असीरान-ए-क़फ़स पर ज़ुल्म तो सय्याद करते हैं
कि उनके पर कतर लेते हैं तब आज़ाद करते हैं

**मोहम्मद नाज़िर अली नाज़िर**

मज़ा गुनाह का जब था कि जब वुज़ू करते
बुतों को सजदा भी करते तो क़िबला-रू करते

**यगाना चंगेज़ी**

शीशा टूटे ग़ुल मच जाए
दिल टूटे आवाज़ न आए

**हफ़ीज़ मेरठी**

सूरज हूँ ज़िन्दगी की रमक़ छोड़ जाऊँगा
मैं डूब भी गया तो शफ़क़ छोड़ जाऊँगा

**इक़बाल साजिद**

एक इक कर के सभी लोग बिछड़ जाते हैं
दिल के जंगल यूँ ही बसते हैं उजड़ जाते हैं

**रफ़ीअ शबनम आबदी**

सुर्ख़ियाँ पढ़के इन अख़बारों की डर लगता है
सारा आलम किसी बारूद का घर लगता है

**ख़लीक़-उल-ज़मां नुसरत**

हर घड़ी ऐ दिल न यूँ अश्कों का दरिया चाहिए
दासाँ जैसी हो वैसा सुनने वाला चाहिए

**इक़बाल**

नगरी मिरी कब तक यूँ ही बर्बाद रहेगी
दुनिया यही दुनिया है तो क्या याद रहे

**हिमायत अली शायर**

अँगड़ाई भी वो लेने न पाए उठा के हाथ
देखा जो मुझको छोड़ दिए मुस्कुरा के हाथ

**निज़ाम रामपुरी**

हमको तो गर्दिश-ए-हालात पर रोना आया
रोने वाले तुझे किस बात पर रोना आया

**सैफ़**

क्या भरोसा है ज़िंदगानी का
आदमी बुलबुला है पानी का

**अहमद उसमानी**

सर-ए-साहिल कहीं बैठे समंदर देखते रहना
उसे छूना उसे चखना बराबर देखते रहना

**जमील-अल-रहमान (हॉलैंड)**

कोई महफ़ूज़ रहा है कहीं अँगारे पर
ऐ ख़ुदा भेज हमें दूसरे सय्यारे पर

**शहाबुद्दीन साक़िब**

दामन को आँसुओं से भिगोना भी चाहिए
खुल कर किसी की याद में रोना भी चाहिए

**ख़्वाजा जावेद अख़्तर**

सबूत-ए-जुर्म कहीं न कहीं से मिलता है
किसी की हाँ से किसी की नहीं से मिलता है

**ताहिर वारसी**

नसीम-ए-सुब्ह बहुत बेक़रार गुज़री है
कुछ इस तरह से शब-ए-इंतिज़ार गुज़री है

**शाहिद माहली**

जब ज़रा रात हुई और मह-ओ-अंजुम आए
बारहा दिल ने ये महसूस किया तुम आए

**असद भोपाली**

ये तो नहीं कि तुम सा जहाँ में हसीं नहीं
इस दिल को क्या करूँ ये बहलता कहीं नहीं

**दाग़ देहलवी**

अच्छी थी या बुरी थी बस इक हाल पर कटी
ये ज़िन्दगी गुज़रने की शय थी गुज़र गई

**सालिक लखनवी**

आप आए तो ख़याल-ए-दिल-ए-नाशाद आया
आपने याद दिलाया तो मुझे याद आया

**रियाज़ ख़ैराबादी**

धुला धुला सा है मंज़र फ़िज़ा में धूल नहीं
गुलाब चेहरा हो जैसे गुलाब फूल नहीं

**अतुल अजनबी**

और इंसान को क्या चाहिए जीने के लिए
ग़म हैं खाने के लिए अश्क हैं पीने के लिए

**साजदा सबा**

सर झुकाओगे तो पत्थर देवता हो जाएगा
इतना मत चाहो उसे वो बेवफ़ा हो जाएगा

**डॉक्टर बशीर बद्र**

गिराँ गुज़रने लगा उस का इंतिज़ार मुझे
ज़रा थपक के सुला दे ख़याल-ए-यार मुझे

**असद भोपाली**

तुम आए हो, न शब-ए-इंतिज़ार गुज़री है
तलाश में है सहर, बार-बार गुज़री है

**फ़ैज़**

दिल में किसी के राह किए जा रहा हूँ मैं
कितना हसीं गुनाह किए जा रहा हूँ मैं

**जिगर**

डाला है बेख़ुदी ने अजब राह पर मुझे
आँखें हैं और कुछ नहीं आता नज़र मुझे

**जिगर**

अगर मरते हुए लब पर न तेरा नाम आएगा
तो मैं मरने से दर गुज़रा मिरे किस काम आएगा

**शाद अज़ीमाबादी**

रक़ीबों ने रपट लिखवाई है जा-जा के थाने में
कि अकबर नाम लेता है ख़ुदा का इस ज़माने में

**अकबर इलाहाबादी**

कौन मैय-ख़्वार निकाला गया मयख़ाने से
शीशे मिल-मिल के गले रोते हैं पैमाने से

**जलील मानिकपुरी**

ले चला जान मेरी रूठ के जाना तेरा
ऐसे आने से तो बेहतर था ना आना तेरा

**दाग़**

अगर तलाश करूँ कोई मिल ही जाएगा
मगर तुम्हारी तरह कौन मुझको चाहेगा

**डॉक्टर बशीर बद्र**

दफ़अतन साँस रुकी, रूह ने तन छोड़ दिया
इक मुसाफ़िर ने सर-ए-राह वतन छोड़ दिया

**इबरत सिद्‌दीक़ी**

ग़म मुझे देते हो दुश्मन की ख़ुशी के वास्ते
क्यों बुरे बनते हो नाहक़ तुम किसी के वास्ते

**रियाज़ ख़ैराबादी**

हर एक रूह में इक ग़म छुपा लगे है मुझे
ये ज़िन्दगी तो कोई बददुआ लगे है मुझे

**जांनिसार अख़्तर**

दिल की बस्ती में उजाला ही उजाला होता
काश तुमने भी किसी दर्द को पाला होता

**अशोक साहिल**

रोया करेंगे आप भी पहरों इसी तरह
अटका कहीं जो आपका दिल भी मिरी तरह

**मोमिन**

हम इश्क़ के मारों का इतना ही फ़साना है
रोने को नहीं कोई हँसने को ज़माना है

**जिगर**

हमको तो गर्दिश-ए-हालात पे रोना आया
रोने वाले तुझे किस बात पर रोना आया

**सैफ़ुद्दीन सैफ़**

हँसते भी नहीं बनता रोया भी नहीं जाता
आदाब-ए-मोहब्बत को तोड़ा भी नहीं जाता

**ग़ज़ाला अनवर**

कौन कहता है मोहब्बत की ज़बाँ होती है
ये हक़ीक़त तो निगाहों से बयाँ होती है

**साहिर लुधियानवी**

हम तो साहिल से चले प्यास का तोहफ़ा लेकर
अब ज़माना हमें ढूँढा करे दरिया लेकर

**राक़िम लखनवी**

पर्दा दिल में जो नग़मे थे ज़बां तक पहुँचे
देखिए अब मिरी आवाज़ कहाँ तक पहुँचे

**मुनव्वर बदायुनी**

एक साग़र भी इनायत न हुआ याद रहे
साक़िया जाते हैं महफ़िल तेरी आबाद रहे

**चकबस्त**

दूर से आए थे साक़ी , सुन के मयख़ाने को हम
बस तरसते ही चले अफ़सोस पैमाने को हम

**नज़ीर अकबराबादी**

इक शजर ऐसा मुहब्बत का लगाया जाए
जिसका हम-साए के आँगन में भी साया जाए

**नामालूम**

ज़िन्दगी है तो बहर-ए-हाल बसर भी होगी
शाम आई है तो आए कि सहर भी होगी

**मुईन अहसन जज़्बी**

सर में सौदा भी नहीं, दिल में तमन्ना भी नहीं
लेकिन इस तर्क-ए-मोहब्बत का भरोसा भी नहीं

**फ़िराक़**

हम अपने सर कहाँ अच्छा बुरा इल्ज़ाम लेते हैं
मुक़द्दर ख़ुद बनाते हैं, ख़ुदा का नाम लेते हैं

**सीमाब**

ये जो सर नीचे किए बैठे हैं
जान कितनों की लिए बैठे हैं

**जलील मानिकपुरी**

ज़िन्दगी से बड़ी कोई सज़ा ही नहीं
और क्या जुर्म है पता ही नहीं

**कृष्ण बिहारी नूर**

आँखों में रहा दिल में उतर कर नहीं देखा
कश्ती के मुसाफ़िर ने समंदर नहीं देखा

**बशीर बद्र**

अब और कितना तिरे घर का एहतिराम करूँ
तुझे करूँ तिरे बच्चों को भी सलाम करूँ

**हसीब सोज़**

ख़ुदा -न -ख़्वास्ता जन्नत हराम कर लेंगे
मुनाफ़िक़ों को अगर हम सलाम कर लेंगे

**मुनव्वर राना**

बात कहने का सलीक़ा चाहिए
फिर जो कहना है वो कहना चाहिए

**दिवाकर राही**

ख़ुद-नुमाई के सलीक़े अभी कम आते हैं
आईना हाथ से रख दीजिए हम आते हैं

**आलम फ़तहपुरी**

कौन सी बात कहाँ कैसे कही जाती है
ये सलीक़ा हो तो हर बात सुनी जाती है

**वसीम बरेलवी**

इक टीस जिगर में उठती है, इक दर्द सा दिल में होता है
हम रातों को रोया करते हैं जब सारा आलम सोता है

**ज़िया अज़ीमाबादी**

ना समझने की ये बातें हैं ना समझाने की
ज़िन्दगी उचटी हुई नींद है दीवाने की

**फ़िराक़**

सियासत क्या अदब पर भी इजारा चल रहा है
यहाँ भी बा-असर लोगों का सिक्का चल रहा है

**मुजाहिद फ़राज़**

बुझ गई दिल की रोशनी, राह धुआँ धुआँ हुई
सुबह चले कहाँ से थे, शाम हमें कहाँ हुई

**मख़मूर सईदी**

जो शर पसन्दों के शर से डरे से लगते हैं
वो ज़िन्दा लोग भी हमको मरे से लगते हैं

**सदा नीवतन्वी**

चाहते हो कि मिरे लब पे शिकायत भी न हो
तुम जिसे चाहो मुझे उस से रक़ाबत भी न हो

**नसीम निकहत**

जब कभी उन की तवज्जो में कमी पाई गई
अज़ सर-ए-नौ दास्तान-ए-शौक़ दुहराई गई

**साहिर लुधियानवी**

शराब-ए-शौक़ से बोझल लबों के पैमाने
तिरी निगाह को ऐसे में कौन पहचाने

**नुशूर वाहिदी**

इंशा जी उट्ठो अब कूच करो, इस शहर में जी को लगाना क्या
वहशी को सिक्कों से क्या मतलब, जोगी का नगर में ठिकाना क्या

**इब्न-ए-इंशा**

रोज़ इस शहर में इक हुक्म नया होता है
कुछ समझ में नहीं आता है कि क्या होता है

**ग़ालिब**

अजीब शहर का नक़्शा दिखाई देता है
हर एक शख़्स ही नंगा दिखाई देता है

**नाशिर बलियावी**

बाक़ी है शेख़ को अभी हसरत गुनाह की
काला करेगा मुँह भी जो दाढ़ी स्याह की

**ज़ौक़**

सुधारें शेख़ काबा को हम इंग्लिस्तान देखेंगे
वो देखें घर ख़ुदा का, हम ख़ुदा की शान देखेंगे

**अकबर इलाहाबादी**

किसी शेख़ में इतनी हिम्मत नहीं है
जो कह दे मुहब्बत इबादत नहीं है

**वसी जौनपुरी**

साग़र-ओ-मीना पर रौनक फिर न आई मेरे बाद
मेरे साक़ी ने बहुत महफ़िल सजाई मेरे बाद

**शफ़ीक़ जौनपुरी**

तिश्नगी ने सब्र की जब सरहदों को छू लिया
गर्म अश्कों ने मिरे सूखे लबों को छू लिया

**महशर राय बरेलवी**

कमाल-ए-ज़ब्त को ख़ुद भी तो आज़माऊँगी
मैं अपने हाथ से उसकी दुल्हन सजाऊँगी

**परवीन शाकिर**

ज़बाँ का ज़ावीया लफ़्ज़ों की खूँ समझता है
मैं इस को आप पुकारूँ, वो तू समझता है

**सहपर रसूल**

ऐ दिल वो आशिक़ी के फ़साने किधर गए
वो उम्र क्या हुई, वो ज़माने किधर गए

**अख़्तर शीरानी**

इश्क़ की चिंगारियों को फिर हवा देने लगे
मेरे पास आकर वो दुश्मन को दुआ देने लगे

**शकील बदायुनी**

ईलाज की नहीं हाजत दिल-ओ-जिगर के लिए
बस इक नज़र तिरी काफ़ी है उम्र-भर के लिए

**जलील मानिकपुरी**

अगर न ज़ोहरा -जबीनों के दरमियाँ गुज़रे
तो उम्र कैसे कटे, ज़िन्दगी कहाँ गुज़रे

**जिगर**

पुराना क़र्ज़ चुकाने में ख़र्च कर डाली
तमाम उम्र कमाने में ख़र्च कर डाली

**राहत इंदौरी**

उम्र-भर ख़ाली यूँ ही दिल का मकाँ रहने दिया
तुम गए तो दूसरे को कब यहाँ रहने दिया

**मुनव्वर राना**

वो आदमी है तो क्यों मुझसे दूर इतना है
वो ख़ाक है तो उसे क्यों ग़रूर इतना है

**हिमायत अली शायर**

तिरा ग़म है तो ग़म-ए-दहर का झगड़ा क्या है
तिरी आँखों के सिवा दुनिया में रखा क्या है

**फ़ैज़**

सितम ये है किसी की आँख तक पुर नम नहीं होती
ये दुनिया ग़म तो देती है, शरीक-ए-ग़म नहीं होती

**राजिंदर बहादुर मौज**

मरना नहीं क़बूल मुझे बेदिली के साथ
आ ऐ ग़म-ए-हयात मगर दिलकशीं के साथ

**सलाम मछलीशहरी**

इस दौर के इन्सान वफ़ा भूल गए हैं
बेचारे फ़रिश्ते हैं, ख़ता भूल गए हैं

**ख़ुमार बाराबंकवी**

हज़ारों आफ़तों में भी ख़ुदा को याद करते हैं
फ़रिश्तों से नहीं होता जो आदमज़ाद करते हैं

**हैरत इलाहाबादी**

जब तक किसी ग़रीब का तन बे लिबास है
ये मान कर चलो कि वतन बे लिबास है

**सबा शाहजहाँपुरी**

दिल से मिरे तन्हाई की शिद्दत नहीं जाती
अब तू भी चला आए तो वहशत नहीं जाती

**ख़लील फ़रहत**

हमसे बिछड़े तो ये दिन कैसे गुज़ारे लिखना
कभी परदेस से ख़त नाम हमारे लिखना

**सय्यद मतीन-उल-रहमान मतीन**

बात साक़ी की न टाली जाएगी
कर के तौबा तोड़ डाली जाएगी

**जलील मानिकपुरी**

किसी पे ऐसी भी गुज़रे कभी, ख़ुदा न करे
कि अपने हाथों को तकता रहे, दुआ न करे

**ज़का सिद्दीक़ी**

अपने बीमार-ए-मोहब्बत की दवा बन जाइए
दिल दुखाना छोड़ दीजे दिलरुबा बन जाइए

**अब्दुलरउफ़ मख़फ़ी**

दोस्ती के नए आदाब लिए फिरते हैं
लोग अब इतर में तेज़ाब लिए फिरते हैं

**फ़सीहुल्लाह कैब**

भड़क जाने की ख़्वाहिश कुछ तो चिंगारी में रहती है
हवा भी इस को शह देने की तैयारी में रहती है

**अशरफ़ याक़ूबी**

अनोखा रूप धारा है, निराला क़द निकाला है
ज़रा सी शाख़ ने कैसा बड़ा बरगद निकाला है

**हफ़ीज़ मोमिन**

अश्क पीना पड़ा ग़म छुपाना पड़ा
तुमसे मिलकर हमें मुस्कुराना पड़ा

**गुलाब ज़ख़्मी**

गुलों में जिस तरह ख़ुशबू बहुत ज़रूरी है
इसी तरह हमें उर्दू बहुत ज़रूरी है

**हुसैन ख़ाँ झँझट**

जो मतलब की नहीं वो शय लुटेरा छोड़ जाता है
"अपाहिज बाप हो जाय तो बेटा छोड़ जाता है"

**वक़ार फ़ारूक़ी**

राह पर उन को लगा लाए तो हैं बातों में
और खुल जाएँगे दो-चार मुलाक़ातों में

**दाग़**

ख़ुद रह के मुश्किलात में हल दे दिया उसे
मैं वो शजर-ए-ख़िज़ां में भी फल दे दिया उसे

**जानी शैदा**

रेत का ढेर इमारत में बदलना चाहा
मैंने हर ख़्वाब हक़ीक़त में बदलना चाहा

**ग़ुलाम रब्बानी नईम**

ख़ातिर से या लिहाज़ से मैं मान तो गया
झूठी क़सम से आपका ईमान तो गया

**दाग़ देहलवी**

ना ख़ानक़ाहों के साये न ताज-ओ-तख़्त मुझे
अता हुआ है फ़क़त धूप का दरख़्त मुझे

**ऐडवोकेट मंज़ूर नदीम**

दिये माटी के नहीं दिल के जला करते थे
कभी इस मुल्क में इंसाँ भी रहा करते थे

**दत्ता साग़र**

इस ज़िन्दगी से एक लड़ाई लड़ा हूँ मैं
तब जाके इस मुक़ाम पर आकर खड़ा हूँ में

**साबिर दानिश**

मुझे मालूम है किस दर पे क्या करना ज़रूरी है
कहाँ दिल को झुकाना है कहाँ सजदा ज़रूरी है

**अशरफ़ याक़ूबी**

कैसे कैसे ये कमालात दिखाएँ बाबा
लोग सूरज को हथेली ये उगाएँ बाबा

**गुलशन ब्याबानी**

ज़रदार कभी चाहने वाला नहीं माँगा
राई की ज़रूरत हिमाला नहीं माँगा

**डॉक्टर कलीम ज़िया**

बैठ जाता हूँ जहाँ छाँव घनी होती है
हाय क्या चीज़ ग़रीब-उल-वतनी होती है

**हफ़ीज़ जौनपुरी**

वो इस तरह भी मुझे आज़माने लगता है
मिज़ाज पूछता है मुस्कुराने लगता है

**ख़्वाजा ग़ुलाम रब्बानी**

कोई दस्तक दे रहा है खोल दरवाज़ा अभी
कम से कम आ जाएगी घर में हवा ताज़ा अभी

**सरफ़राज़ ख़ान नदीम**

तिरी क़िस्मत बदल दूँ शायरी से हो नहीं सकता
ये काम अल्लाह का है आदमी से हो नहीं सकता

**अशराफ़ याक़ूबी**

किसी किसी पे ख़ुदा मेहरबाँ ज़्यादा है
वो जानता है ज़रूरत कहाँ ज़्यादा है

**डॉक्टर अमीन ईनामदार**

अदालत से यहाँ रोता हुआ हर मुद्दई निकला
करम फ़रमाई से मुंसिफ़ की हर मुजरिम बरी निकला

**रेयाज़ अनवर**

निसार-ए-दिल भी किया और हर ख़ुशी दे दी
लो आज हमने तुम्हें अपनी ज़िन्दगी दे दी

**अब्दुल्लाह बहार**

ग़म से किस ने निजात पाई है
हँस के जी लो तो क्या बुराई है

**ग़ुलाम रब्बानी नईम**

दिल दे तो इस मिज़ाज का परवरदिगार दे
जो रंज की घड़ी भी ख़ुशी से गुज़ार दे

**दाग़ देहलवी**

जो बड़ा है उसे छोटे नहीं अच्छे लगते
जिस तरह पेड़ को पौधे नहीं अच्छे लगते

**हुसैन अहमद वासिफ़**

जहाँ चाहत हो चलने की वहाँ रास्ता निकलता है
पहाड़ों के जिगर को चीर कर दरिया निकलता है

**ज़मीर अहमद ज़मीर**

क्या मिला तुमको मिरे इश्क़ का चर्चा कर के
तुम भी रुसवा हुए हो मुझे रुसवा कर के

**जलील मानिकपुरी**

छुपा कर इश्क़ की ख़ुशबू को तो रखा नहीं जाता
नज़र उस को भी पढ़ लेती है जो लिखा नहीं जाता

**फ़ारूक़ ज़मन**

पहले मालूम न था मुझको कि ठोकर क्या है
ठोकरें खा के ये जाना है कि पत्थर क्या है

**अशराफ़ याक़ूबी**

बेटा जो होनहार था ज़न के असर में है
किस की नज़र का नूर था किस की नज़र में है

**हसनैन आक़िब**

ज़ख़्म पर फूँक भी दवा जैसी
माँ की हर बात है दुआ जैसी

**साबिर शाह साबिर**

बिखरे जो ख़लाओं में ये चाँद सितारे हैं
कुछ ख़्वाब तुम्हारे हैं, कुछ ख़्वाब हमारे हैं

**कलीम रहबर**

दे सकता है क्या मेरी वफ़ाओं का सिला और
तरकश में अगर तीर हो बाक़ी तो चला और

**जमील अरशद ख़ान अरशद**

बड़े सलीक़े बड़ी सादगी से काम लिया
दिया जला के अँधेरे से इंतिक़ाम लिया

**अतुल अजनबी**

जवाँ सितारों को गर्दिश सिखा रहा था मैं
कल उस के हाथ का कंगन घुमा रहा था मैं

**तनवीर ग़ाज़ी**

अहल-ए-दिल भी देखिए अब क्या से क्या करने लगे
शीशागर भी पत्थरों से मशवरा करने लगे

**अबदुल्लाह बिहार**

बेवा माँ को ख़ून के आँसू रुलाते हैं चिराग़
छोड़कर बस्ता किताबें जब कमाते हैं चिराग़

**नईम फ़राज़**

दुनिया को है यक़ीं मिरा वक़्त-ए-ज़वाल है
रोज़-ए-अज़ल के नूर तिरा क्या ख़याल है

**मुहम्मद जावेद इशाअती**

कोई गर अश्क़ भी पोंछे तो ग़म हल्का नहीं होता
घड़ी आगे बढ़ा देने से दिन छोटा नहीं होता

**अनस नबील**

ये किस मुँह से कहूँ मेरी कमाई छीन लेता है
बचा लेता हूँ डाकू से तो भाई छीन लेता है

**अशरफ़ याक़ूबी**

क्या गिले शिकवे शिकायात की बारिश की जाए
इस तरह मिलिए कि फिर मिलने की ख़्वाहिश की जाए

**सलीम फ़्रौज़**

इस बस्ती में रहने वाले सारे मन के काले लोग
उजले कपड़े पहन रहे हैं मैली रूहों वाले लोग

**शाज़िया नाहीद शाज़**

दरिया की मुसाफ़त ने ज़मीं का नहीं छोड़ा
यक तरफ़ा मुहब्बत ने कहीं का नहीं छोड़ा

**डॉक्टर शाहिदा दिलावर शाह**

मैं क्यों चिराग़ जलाऊँ अभी उजाला है
वो शख़्स बिछड़ा नहीं है बिछड़ने वाला है

**शहनाज़ प्रवीण सहर**

ये अज़ीयत भी कम नहीं है मुझे
तेरे जाने का ग़म नहीं है मुझे

**ज़ैग़म आबिदी**

सरों पर अपने बच्चों के रुदाएँ छोड़ जाती हैं
कि माएँ मर भी जाएँ तो दुआएँ छोड़ जाती हैं

**आबिद मारूफ़ मुग़ल**

साइम शहर के फ़ुटपाथों पर जितने बूढ़े लेटे थे
उनको बे-घर करने वाले, उन के अपने बेटे थे

**अब्दुलबासित साइम**

नुज़ूल-ए-रहमत-ए-बारी है किस बहाने से
निकल रहे हैं फ़रिश्ते शराब-ख़ाने से

**उसमान मुनव्वर**

जुदाई का ज़माना यूँ ठिकाने लग गया था
बिछड़ के उस से मैं लिखने लिखाने लग गया था

**अब्बास ताबिश**

अना की फ़सल पे दुगना लगान देते हुए
कटी है उम्र यही इम्तिहान देते हुए

**अली रज़ा नजमी**

तुम्हारी याद के जब ज़ख़्म भरने लगते हैं
किसी बहाने तुम्हें याद करने लगते हैं

**फ़ैज़ अहमद फ़ैज़**

कोई उस से पूछे जो घर का बड़ा है
वो कितने महाज़ों पे तन्हा खड़ा है

**रुख़्सार नाज़िमाबादी**

चुभन है आँखों में इस वास्ते कि ख़्वाब सहे
हमें था शौक़-ए-सफ़र पाँव ने अज़ाब सहे

**तस्नीम आबिदी**

हँसी-हँसी में कहीं आँख नम न हो जाये
हुज़ूर देखिए इज़्हार-ए-ग़म न हो जाये

**असग़र राही**

भाग उस मक़बूलियत से जिसको पाने के लिए
सर को ख़म करना पड़े जो है उठाने के लिए

**परवेज़ मुज़फ़्फ़र**

देखते ही देखते बस इक नज़र में खो गई
दिल की कश्ती तेरी आँखों के भँवर में खो गई

**सुहैल नसीम**

वफ़ा की राह में पैग़म्बरों की पैरवी की है
इबादत मान कर हमने किसी से दोस्ती की है

**ज़फ़र जबलपुरी**

खिड़कियाँ ही खोल लें गर बन्द दरवाज़ा रहे
आते-जाते मौसमों का कुछ तो अंदाज़ा रहे

**डॉक्टर अली अब्बास उम्मीद**

तक़दीर की मुझसे यूँ ही तकरार चलेगी
मैं साये में बैठूँगा तो दीवार चलेगी

**मुस्लिम सलीम**

जिनके होंठों पे हँसी, पाँव में छाले होंगे
हाँ वही लोग तुम्हें चाहने वाले होंगे

**परवाज़ जालंधरी**

मुहब्बत करने वाले कम न होंगे
तिरी महफ़िल में लेकिन हम न होंगे

**हफ़ीज़ होशियारपुरी**

तन्हाइयों में अपने ख़ुदा से दुआ करो
बढ़ जाए दिल का बोझ तो फिर रो लिया करो

**ज़ीनतुल्लाह जावेद**

तंग आ चुके हैं कशमकश-ए-ज़िन्दगी से हम
ठुकरा न दें जहाँ को कहीं बेदिली से हम

**साहिर लुधियानवी**

अरूस-ए-शेअर-ओ-सुख़न को सजल ही रहने दो
ग़ज़ल ग़ज़ल है ग़ज़ल को ग़ज़ल ही रहने दो

**शम्स फ़रीदी**

मलबूस रंगा-रंग बदलने लगी है शाम
सूरज के आस-पास टहलने लगी है शाम

**ज़हीर ग़ाज़ीपुरी**

हमारे गाँव में रेशम भी है कपास भी है
मगर अवाम के तन पर फटा लिबास भी है

**हसनैन असजद**

मैं कैसे तेरे साथ चलूँ हीर की तरह
उर्दू का इश्क़ रोके है ज़ंजीर की तरह

**डॉक्टर महजबीन ग़ज़्ज़ाल**

अश्क हर वक्त मिरा साथ निभाने निकले
जब ख़ुशी आई तो ख़ुशियों के बहाने निकले

**सय्यद नवेद जाफ़री**

जो अहल-ए -ख़ुर्द हैं वो कम बोलते हैं
हक़ीक़त यही है जो हम बोलते हैं

**मुहम्मद कमालुद्दीन शमीम**

नाज़ुक बहुत है खेल किसी दिन उलट न जाए
पत्थर का हाथ फूल की पत्ती से कट न जाए

**मुज़फ़्फ़र मजाज़**

पराए ग़म में यूँ आँसू बहाने कौन आता है
पुरानी क़ब्र पर शमएँ जलाने कौन आता है

**डॉक्टर इक़बाल सागर**

डरा रहे हो कि मौसम बदलने वाला है
मिरा चिराग़ तो आँधी में जलने वाला है

**रयाज़ तारिक़**

ज़िन्दगी दर्द के पत्थर से जो टकराई है
थोड़ी बिखरी है मगर और निखर आई है

**डॉक्टर मुहम्मद हुसैन**

मैंने कोशिश तो बहुत की थी पढ़ाने के लिए
मुफ़लिसी ले गई बच्चों को कमाने के लिए

**उमर बाराबंकवी**

ऐसा पर्दा कोई दरवाज़े पर पर डाला जाए
घर से बाहर न कभी घर का उजाला जाए

**अनवर फ़ारूक़ी**

मिल ही जाएगा कहीं, दिल को यक़ीं रहता है
वो इसी शहर की गलियों में कहीं रहता है

**अहमद मुश्ताक़**

साफ़ ज़ाहिर है निगाहों से कि हम मरते हैं
मुँह से कहते हुए ये बात मगर डरते हैं

**अख़्तर अंसारी**

इन रस-भरी आँखों में हया खेल रही है
दो ज़हर के पियालों में क़ज़ा खेल रही है

**अख़्तर शीरानी**

हुए नामवर बे-निशाँ कैसे कैसे
ज़मीन खा गई आसमाँ कैसे कैसे

**अहसन ज़ैदी**

उस की आँखों में मुहब्बत की चमक आज भी है
उस को हालाँकि मिरे प्यार पे शक आज भी है

**तनवीर ग़ाज़ी**

किसी को भेज के ख़त हाय ये कैसा अज़ाब आया
कि हर इक पूछता है, नामा-बर आया ? जवाब आया

**अहसन मारहरवी**

दुनिया ने ज़र के वास्ते क्या कुछ नहीं किया
और हमने शायरी के सिवा कुछ नहीं किया

**इक़बाल साजिद**

गुल फेंक के इस शख़्स ने पत्थर से बचाया
अंदर से मुझे तोड़ के बाहर से बचाया

**इनामुलहक़ जावेद**

पिनहाँ जो मस्तियाँ हैं किसी के शबाब में
वो कैफ़ वो सुरूर कहाँ है शराब में

**पार्सा कौसरी**

कही किसी से न रूदाद-ए-ज़िन्दगी मैंने
गुज़ार देने की शय थी, गुज़ार दी मैंने

**हकीम मख़मूर**

तर्क-ए-तअल्लुक़ात पर रोया न तू ना मैं
लेकिन ये क्या कि चैन से सोया न तू न मैं

**ख़ालिद अहमद**

काफ़िर गेसू वालों की रात बसर यूँ होती है
हुस्न हिफ़ाज़त करता है और जवानी होती है

**साग़र निज़ामी**

कहानी मेरी रूदाद-ए-जहाँ मालूम होती है
जो सुनता है उसी की दास्ताँ मालूम होती है

**सीमाब अकबराबादी**

जब मिली फ़ुर्सत ग़मों का सिलसिला लिखते रहे
ज़िन्दगी-भर ज़िन्दगी का मर्सिया लिखते रहे

**सय्यद अक़ील संभली**

हुज़ूर आपका भी एहतिराम करता चलूँ
इधर से गुज़रा था सोचा सलाम करता चलूँ

**शादाब**

मैं कि ख़ुश होता था दरिया की रवानी देखकर
काँप उठता हूँ गली कूचों में पानी देखकर

**शहज़ाद अहमद**

सर-ए-सहरा मुसाफ़िर को सितारा याद रहता है
मैं चलता हूँ मुझे चेहरा तुम्हारा याद रहता है

**अदीम हाशमी**

दावे अमन करें हाथ में चाक़ू रखें
और हमें दरस कि जज़्बात पर क़ाबू रखें

**हुसैन अहमद वासिफ़**

इक बार देख लूँ तो सताता है आईना
बीते दिनों की याद दिलाता है आईना

**डॉक्टर कलीम ज़िया**

तिरे कूचे इस बहाने मुझे दिन से रात करना
कभी इनसे बात करना, कभी उन से बात करना

**ग़ुलाम हमदानी मुसहफ़ी**

चल साथ कि हसरत-दिल-ए-मरहूम से निकले
आशिक़ का जनाज़ा है बड़ी धूम से निकले

**फ़िद्वी लाहौरी**

तिरी गली में बयाँ किस से आरज़ू करते
किसी को जानते होते तो गुफ़्तगू करते

**क़मर जलालवी**

किसी किसी को वो ऐसा कमाल देता है
ज़माना जिसकी हमेशा मिसाल देता है

**मुहम्मद शुजाअत कामिल**

चलते चलते पाँव हो जाएँगे फिर देखना
याद जब भी आएगा उस का पलट कर देखना

**मुमताज़ राशिद**

घेर ले ग़म अगर ज़माने का
ढूँढ़ रस्ता शराब-ख़ाने का

**नरेश कुमार शाद**

ख़ुदा भी अहल-ए-हिम्मत को पर-ए-परवाज़ देता है
उट्ठो तुमको शहीदों का लहू आवाज़ देता है

**नक़्श हाशमी**

शबाब आया, किसी बुत पर फ़िदा होने का वक़्त आया
मिरी दुनिया में बन्दे के ख़ुदा होने का वक़्त आया

**हरी चंद अख़्तर**

पयाम ज़ेर-ए-लब ऐसा कि कुछ सुना न गया
इशारा पाते ही अँगड़ाई ली, रहा न गया

**यास यगाना चंगेज़ी**

इस क़दर मुसलसल थीं शिद्दतें जुदाई की
आज पहली बार उस से मैंने बेवफ़ाई की

**अहमद फ़राज़**

जब तिरा हुक्म मिला, तर्क-ए-मोहब्बत कर दी
दिल मगर उसपे वो धड़का कि क़यामत कर दी

**अहमद नदीम क़ासमी**

रोक ले ऐ ज़ब्त! जो आँसू कि चश्म-ए-तर में है
कुछ नहीं बिगड़ा है अब तक घर की दौलत घर में है

**अहसन मारहरवी**

फूल महकें मिरे आँगन में सबा भी आए
तू जो आए तो मिरे घर में ख़ुदा भी आए

**इफ़्तिख़ार आरिफ़**

माहौल दिल-शिकन सही हिम्मत जवाँ रहे
इन्सान जिस ज़मीन पर रहे आसमाँ रहे

**इफ़्तिख़ार अजमल शाहीन**

गुज़रे हैं तेरे बाद भी कुछ लोग इधर से
लेकिन तेरी ख़ुशबू न गई राहगुज़र से

**अमजद इस्लाम अमजद**

सियासत का ज़माने में कहीं भी घर नहीं होता
ये वो औरत जिसका कोई भी शौहर नहीं होता

**अशरफ़ याक़ूबी**

उम्र की सारी थकन लाद के घर जाता हूँ
रात बिस्तर पे मैं सोता नहीं मर जाता हूँ

**अंजुम सलीमी**

ग़म-ए-जुदाई मुझे इस क़दर रसाई दे
कभी जो आईना देखूँ तो माँ दिखाई दे

**जीम-मीम जावेद**

अपनी तन्हाई मिरे नाम पे आबाद करे
कौन होगा जो मुझे उस की तरह याद करे

**परवीन शाकिर**

आवारगी में हद से गुज़र जाना चाहिए
लेकिन कभी-कभार तो घर जाना चाहिए

**हुस्न अब्बास रज़ा**

तेरी गली को छोड़ के जाना तो है नहीं
दुनिया में कोई और ठिकाना तो है नहीं

**रेहाना रूही**

बचपन की वो महरूमी चली आई कहाँ से
रोती हुई निकली मैं खिलौनों की दुकाँ से

**रिहाना क़मर**

दर्द भी हो ज़्यादा तो कम-कम लगे
तू नमक भी लगाए तो मरहम लगे

**फ़ारूक़ ज़मन**

यूँ तो अपना हर ताल्लुक़ उस से तोड़ आया हूँ मैं
लेकिन आँखें उस के दरवाज़े पे छोड़ आया हूँ मैं

**ज़ाहिद सईद ज़ाहिद**

अजब साक़ी ने मयख़ाने का ये दस्तूर रखा है
जो प्यासा है उसी को मयकदे से दूर रखा है

**मुहसिन बाअश्न हसरत**

नई बहार का मंज़र तलाश करता है
वो ज़र्द रुत में गुल-ए-तर तलाश करता है

**मुश्ताक़ जावेद**

क़यामत तक तमाशे ज़िन्दगी के कम नहीं होंगे
तमाशा देखने वालों में लेकिन हम नहीं होंगे

**मुश्ताक़ जौहर**

हर लम्हा बेशर्म सवाली लगता है
जीना तो अब माँ की गाली लगता है

**मुज़्तर हैदरी**

तलब का हाथ बढ़ाओ तो इस क़रीने से
कि देने वाला सराबोर हो पसीने से

**मंज़ूर आदिल**

झोंके तो इन्क़िलाब के आए गुज़र गए
हम तो वहीं हैं आप जहाँ छोड़कर गए

**नाज़िम सुलतानपुरी**

तुम्हारा ज़िक्र होंठों पर तिलावत से ज़रा कम है
मुहब्बत से ज़्यादा है इबादत से ज़रा कम है

**नग़्मा नूर**

तमाम बच्चे वसीयत लिए क़तार में हैं
बस एक आख़िरी हिचकी के इंतज़ार में हैं

**नग़्मा नूर**

मौत हर- सिम्त भटकती है किधर से निकलूँ
कोई तदबीर नज़र आए तो घर से निकलूँ

**नम आज़मी**

रस्ते में मुहब्बत के कुछ ऐसे मुक़ाम आए
बेगाने तो बेगाने अपने भी न काम आए

**नवाब देहलवी**

जाते-जाते जाने वाला इक निशानी दे गया
ख़ुश्क आँखों में समंदर की रवानी दे गया

**नौशाद मोमिन**

गो मैं हूँ तुझसे दूर तिरी आरज़ू तो है
तेरा पता मिले ना मिले जुस्तजू तो है

**वहशत कलकत्वी**

तेरे लिए चले थे हम तेरे लिए ठहर गए
तू ने कहा तो जी उठे तू ने कहा तो मर गए

**अदीम हाश्मी**

बुझा भी जाए कोई आके आँधियों की तरह
कि जल रहा हूँ कई युग से मैं दियों की तरह

**हमदम नुमानी**

दुनिया सजी सजाई है बाज़ार की तरह
तकता हूँ मैं ग़रीब ख़रीदार की तरह

**अहमद कमाल हश्मी**

जब ताल्लुक़ की फ़सीलों पर जमी काई मिली
मुंतज़िर गलियों में तेरी मेरी रुसवाई मिली

**यूसुफ़ तक़ी**

ख़ुद उस को रास आया न अपना मकान भी
सरहद के साथ बट गई उर्दू ज़बान भी

**आतिश रज़ा**

किसी को पाने की हसरत न रंज खोने का
मुझे तो ग़म है तिरे शहर में न होने का

**अश्हर हाश्मी**

अपनी शफ़्फ़ाक तबीयत का पता भी देगी
ये हवा है तुम्हें शाख़ों से गिरा भी देगी

**अहसन शफ़ीक़**

मुहब्बत में कोई ख़त मुख़्तसर अच्छा नहीं लगता
लिफ़ाफ़े में फ़क़त तितली का पर अच्छा नहीं लगता

**अहमद कमाल हश्मी**

ख़िलाफ़-ए-ज़ुल्म इल्म को बुलंद करते हैं
जियाले शान से जीना पसन्द करते हैं

**हमदम नुमानी**

अपनी पलकों को मिरी याद से नम कर लेना
भूलने वाले कभी ख़ुद पे सितम कर लेना

**हबीब हाशमी**

न था मालूम इतनी बेमुरव्वत दोस्ती होगी
मिरा जलता हुआ घर देखकर उस को ख़ुशी होगी

**शमीम अंजुम वारसी**

तिरे ख़्याल की पुरवाई डसने लगती है
कि शाम ढलते ही तन्हाई डसने लगती है

**ज़मीर यूसुफ़**

जाँ से अज़ीज़ रखता हूँ ज़ख़्म-ए-जिगर को मैं
ज़हमत कभी न दूँगा किसी चारागर को मैं

**क़ैसर शमीम**

अगर मस्जिद शिवाले टूटते हैं
तो समझो ज़र्फ़ वाले टूटते हैं

**मुजीब अख़्तर**

सुलगती आँखों में महफ़िल जमा के छोड़ गया
अजीब ख़्वाब था मुझको जगा के छोड़ गया

**ज़का सिद्दीक़ी**

मिरी जाँ मैं हमेशा शान-ए-सुल्तानी में रहता हूँ
मगर से बैर रखता हूँ मगर पानी में रहता हूँ

**मुसर्रत हुसैन आज़म**

मुझको डोली में बिठा डर के हवाले कर दे
मेरी माँ मुझको मुक़द्दर के हवाले कर दे

**रेहाना क़मर**

मज़दूर थक गए थे जो सोने चले गए
आँखों में मीठे ख़्वाब पिरोने चले गए

**मेराज अहमद मेराज**

ख़ुशबू का कर्ब ख़ूब समझती हैं तितलियाँ
पत्ती पे हर गुलाब की बैठी हैं तितलियाँ

**महताब पैकर आज़मी**

अजीब बात है वो जिसने क़त्ल-ए आम किया
उसने मातमी जलसों का एहतिमाम किया

**नसीम अज़ीज़ी**

जबीन-ए-शौक़ हर इक दर पे ख़म नहीं होती
हर इक ज़मीन ज़मीन-ए-हरम नहीं होती

**नूर क़ुरैशी**

अजीब शाम है बीमार की हँसी की तरह
कटेगी आज की शब भी कई सदी की तरह

**वहीद क़ुरैशी**

न जाने अहल-ए-महफ़िल क्यों कलेजा थाम लेते हैं
सर-ए-महफ़िल जब उनके हाथ से हम जाम लेते हैं

**बिस्मिल देहलवी**

साक़िया तिश्नगी की ताब नहीं
ज़हर दे दे अगर शराब नहीं

**दाग़ देहलवी**

तुमको पत्थर ही जो बनना है तो कुछ बेहतर बनो
राह का पत्थर न बन कर मील का पत्थर बनो

**राना गनौरी**

बारिश बहुत हुई है निहत्थों के ख़ून की
उम्मीद क्यों लगाए हो अब मानसून की

**शकील हुस्न शमसी**

मसला ये भी हमेशा रहा फ़नकार के साथ
लोग मे'मार को चुन देते हैं दीवार के साथ

**शहाब अली निज़ामी**

अपनी हर रात को शाइस्ता-ए-ग़म रखा है
उस का तकिया मेरी आग़ोश में नम रखा है

**उनवान चिशती**

अर्ज़ नियाज़-ए-इश्क़ के क़ाबिल नहीं रहा
जिस दिल पे नाज़ था मुझे वो दिल नहीं रहा

**ग़ालिब अय्याज़**

पहले दुनिया से अकेले ही बग़ावत करना
फिर मिरे नाम से ऐलान-ए-मुहब्बत करना

**ग़ज़ाला समीर सहर**

ज़िन्दगी-भर की इबादत का सिला हो जाता
इक वो सजदा जो कभी दिल से अदा हो जाता

**कामिल क़ुरैशी**

हुई है ख़त्म कहानी यक़ीं नहीं आता
गुज़र गई है जवानी यक़ीं नहीं आता

**कृष्ण मोहन**

किसी से मेरी मंज़िल का पता पाया नहीं जाता
जहाँ मैं हूँ फ़रिश्तों से वहाँ जाया नहीं जाता

**मख़मूर देहलवी**

दिल से उठता है जाँ से उठता है
ये धुआँ सा कहाँ से उठता है

**मीर तक़ी मीर**

शौहरत कहीं जागीर, कहीं माल बिछाया
मेरे लिए दुनिया ने बड़ा जाल बिछाया

**मुज़फ़्फ़र हनफ़ी**

पुकारती है न दरवाज़ा खटखटाती है
बड़े घमंड से याद उन की दिल में आती है

**आरज़ू लखनवी**

दिल में यूँ आन बसी तेरे बदन की ख़ुशबू
जैसे परदेस में मिल जाए वतन की ख़ुशबू

**आसिफ़ बरेलवी**

बीच से सिलसिला क़िस्सा-ए-ग़म तोड़ दिया
तेरे आशिक़ ने जवानी ही में दम तोड़ दिया

**आसिफ़ बनारसी**

चमन रहेगा मगर तितलियाँ नहीं होंगी
हमारे घर में अगर बेटियाँ नहीं होंगी

**अफ़ज़ल इलाहाबादी**

बाग़बाँ ने ये अनोखा सितम-ईजाद किया
आशियाँ फूँक के पानी को बहुत याद किया

**ब्रज नारायण चकबस्त**

इस तरह नज़रें मिलीं दुनिया को हैरानी हुई
चूक कुछ हमसे हुई कुछ उनसे नादानी हुई

**बेकल उत्साही**

ये लम्हे याद करना अब उन्ही से प्यार करना
मैं सफ़र पे जा रहा हूँ मेरा इंतिज़ार करना

**तसनीम फ़ारूक़ी**

मह्शर में कुछ निजात का सामान भी तो हो
इक बच्चा अपना हाफ़िज़-ए-क़ुरआन भी तो हो

**डांक्टर तनवीर गौहर**

अगर वो मुस्कुराना छोड़ देगा
उजाला घर में आना छोड़ देगा

**समर गाज़ीपुरी**

आँखों का रंग, बात का लहजा बदल गया
वो शख़्स एक शाम में कितना बदल गया

**अमजद इस्लाम अमजद**

हमको मिटा सके ये ज़माने में दम नहीं
हमसे ज़माना ख़ुद है ज़माने से हम नहीं

**जिगर मुरादाबादी**

वो रहा ख़ामोश तो ये तौर भी अच्छा लगा
बात की उसने तो वो कुछ और भी अच्छा लगा

**अदीम हाशमी**

ये मरहम हर किसी की ज़िन्दगी के साथ चलता है
ज़रा सी ठेस लगती है तो मुँह से माँ निकलता है

**अशरफ़ याक़ूबी**

कर्ब, तन्हाई, सऊबत, बेबसी जितनी भी हो
बे-तहाशा जी के देखो ज़िन्दगी जितनी भी हो

**ख़्वाब अफ़लाकी**

वो जिसका हथेली ये कभी पर सर नहीं होता
उस क़ौम का दुनिया में कहीं घर नहीं होता

**राज़ इलाहाबादी**

जब किसी ने कहीं पोंछे हैं किसी के आँसू
आ गए हैं मेरी आँखों में ख़ुशी के आँसू

**रईस रामपुरी**

दिल को सुकून, रूह को आराम आ गया
मौत आ गई कि दोस्त का पैग़ाम आ गया

**जिगर**

मेरा यही ख़्याल है गो मैंने पी नहीं
कोई हसीं पिलाए तो ये शए बुरी नहीं

**रयाज़ ख़ैराबादी**

करें किस पर भरोसा कोई इस क़ाबिल नहीं मिलता
सभी से हाथ मिलते हैं किसी से दिल नहीं मिलता

**रयाज़ साग़र**

तमन्नाओं में उलझाया गया हूँ
खिलौने दे के बहलाया गया हूँ

**शाद अज़ीमाबादी**

हक़ीर जान के पैसे अमीर देता है
दुआएँ बदले में फिर भी फ़क़ीर देता है

**डॉक्टर साजिद ग़ाज़ीपुरी**

दुश्मन को भी सीने से लगाना नहीं भूले
हम अपने बुज़ुर्गों का ज़माना नहीं भूले

**साग़र आज़मी**

दुखों की भीड़ में हँसना हँसाना भूल जाती है
ग़रीबी रोते-रोते मुस्कुराना भूल जाती है

**असद रिज़वी**

कितनी मुश्किल है मुहब्बत की कहानी लिखना
जैसे पानी से ही पानी पे है पानी लिखना

**डॉक्टर अनवर एरज**

वक़्त से पहले क़यामत आ रही है रोकिए
वहशियों की नस्ल बढ़ती जा रही है रोकिए

**ओवैस अहमद दौराँ**

हमारी तरह उठाया है किस ने ग़म तन्हा
कि उनके साथ ज़माना है और हम तन्हा

**ताज पयामी**

किसी का ख़ून सही इक निखार दे तो दिया
ख़िज़ाँ को तुमने लिबास-ए-बहार दे तो दिया

**जमील मज़हरी**

वो कहाँ मुझसे खिलौनों की तलब करते हैं
मेरे बच्चे भी ग़रीबी का अदब करते हैं

**शकील सहसरामी**

शर्मीली छुई मुई अजब मोहनी सी थी
नदी ये गाँव में थी तो कितनी भली सी थी

**शमीम फ़ारूक़ी**

अपने पुरखों की वसीयत से ही मजबूर था मैं
वर्ना दो-चार क़दम घर से तिरे दूर था मैं

**ज़ियाऊर्रहमान जाफ़री**

कोई घर हो दुखों का एक तहख़ाना लगा हमको
ये हँसता मुस्कुराता शहर वीराना लगा हमको

**आलम ख़ुरशीद**

गुज़रा हर एक शख़्स मुझे देखता हुआ
गोया मैं आदमी न हुआ आईना हुआ

**डॉक्टर अलीमुल्लाह हाली**

न कली बरसी, न शबनम, न गुल-ए-तर बरसे
जब बहार आई तो दीवानों पर पत्थर बरसे

**क़ैसर समस्तीपुरी**

होती जो मेरी उम्र मिरे इख़्तियार में
हँस कर गुज़ार देता तिरे इंतिज़ार में

**कैफ़ अज़ीमाबादी**

घर छोड़ के जाओगे तो फिर घर ना मिलेगा
जो आज है मौजूद वो मंज़र ना मिलेगा

**मजाज़ नूरी**

समंदर के किनारे रात-भर ख़्वाबों के मेले थे
हमें दिन में हुआ मालूम हम कितने अकेले थे

**महफ़ूज़ूर्रहमान अख़्तर**

क्यों ज़लज़ला सा दिल में उठा था अभी-अभी
क्या तुमने मेरा नाम लिया था अभी-अभी

**महमूद राही**

मिरे कानों में मिस्री घोलता है
कोई बच्चा जब उर्दू बोलता है

**मुश्ताक़ दरभंगवी**

बरा-ए-नाम सही फिर भी ये ख़ुशी है बहुत
अँधेरी रात में जुगनू की रोशनी है बहुत

**नसीम मुज़फ़्फ़राबादी**

उन की निगह-ए-नाज़ के ठुकराए हुए हैं
हम जुर्म-ए-मोहब्बत की सज़ा पाए हुए हैं

**वफ़ा मलिकपुरी**

बहुत झुका हुआ जब आसमान होता है
तो सर उठाना भी इक इम्तिहान होता है

**नोमान शौक़**

दुआ तू ने जो माँगी थी दुआ वो रंग लाई है
ऐ मेरी माँ इसे रख ले मेरी पहली कमाई है

**यूसुफ़ जमील यूसुफ़**

देखना जब वो इनायत की नज़र कर लेंगे
हम भी सुरमे की तरह आँख में घर कर लेंगे

**आग़ा मुहम्मद हुसैन शिक्वा**

गाँव की धानी फ़िज़ा में तिरी पायल बोले
जैसे पीपल के घने पेड़ पे कोयल बोले

**अवलेस अहमद दौरां**

चलो एहसास की सरहद को छू कर देख आते हैं
अगर वो हो गया पत्थर तो पत्थर देख आते हैं

**शाहीना किश्वर**

किसी के ज़हन का बाहर से अंदाज़ा नहीं होता
मगर क्या कीजिए उस घर का दरवाज़ा नहीं होता

**एज़ाज़ अफ़ज़ल**

झूठ का यूँ तो तरफ़-दार नहीं है कोई
सच्च मगर कहने को तैयार नहीं है कोई

**अमानुल्लाह साग़र**

न तख़्त-ओ-ताज रखते हैं न हम दरबार रखते हैं
मगर मक़तल में भी हम जुरअत-ए-इज़हार रखते हैं

**अनवर हुसैन अंजुम**

जब तक शरीक-ए-हाल किसी की नज़र न थी
थी ज़िन्दगी हसीन मगर इस क़दर न थी

**परवेज़ शाहदी**

जो हादिसात के साये में रह के पलते हैं
यही ज़माने की गर्दिश का रुख़ बदलते हैं

**ख़िर्दग़ौसपुरी**

जो दामन पे न जम जाए उसे हम ख़ूँ नहीं कहते
जुनूँ का होश हो जिसमें उसे मजनूँ नहीं कहते

**सालिक लखनवी**

आज सूखे हुए होंठों पे नवाज़िश होगी
आसमाँ देख के लगता है कि बारिश होगी

**शाहिद नूर**

तर्क-ए-तअल्लुक़ पर भी इस को कब मैं भूलने पाई थी
देखा तुमने नाम लिया तो आँख मिरी भर आई थी

**शगुफ़्ता तलअत सीमा**

मुहब्बत के उसूलों पर ज़माने के सितम टूटे
ख़ुदा का शुक्र है फिर भी न तुम टूटे न हम टूटे

**शगुफ़्ता यासमीन ग़ज़ल**

कभी तो वक़्त के हाथों ज़रा सी ढल जाती
बदल सकी न ये दुनिया तो मैं बदल जाती

**शहनाज़ नबी**

ज़मीर बेचने वालों ने ख़ूब नाम किया
जिसे उरूज पर देखा उसे सलाम किया

**शुहूद आलम आफ़ाक़ी**

ऐसा कोई ज़माने में दिलदार तो मिले
मैं ख़्वाब बेचता हूँ ख़रीदार तो मिले

**आसिम शाहनवाज़ शिबली**

चेहरे की आब भी तिरे आख़िर उतर गई
ऐ ज़िन्दगी तू किस लिए ग़ैरों के घर गई

**अलक़मा शिबली**

दो-चार दिन ही रहने का मौक़ा मिला मुझे
माहौल फिर भी गाँव का अच्छा लगा मुझे

**अलीमुद्दीन अलीम**

फिर तो जो होना है उसका हमें अंदाज़ा है
फूल जोड़े में लगा लो कि अभी ताज़ा है

**फ़ारूक़ शफ़क़**

अब भी उम्मीद है दिन रात बदल जाएँगे
उम्र गुज़रेगी तो जज़्बात बदल जाएँगे

**फ़े-सीन-एजाज़**

कोई किसी की तरह है कोई किसी की तरह
मुझे मिला ही नहीं कोई आदमी की तरह

**कौसर परवीन कौसर**

पलकों की नोक तक मिरे दिल का लहू न आए
फिर आई पिछली रात कहीं याद तो न आए

**ओवैश अहमद दौरां**

उनका ग़म भी न रहा पास तो फिर क्या होगा
लुट गई दौलत-ए-एहसास तो फिर क्या होगा

**शायर लखनवी**

आलाम-ए-रोज़गार से जी ऐसा मर गया
तुम भी न याद आए ज़माना गुज़र गया

**शफ़ीक़ जौनपुरी**

न मिलता ग़म तो बर्बादी के अफ़साने कहाँ जाते
अगर दुनिया चमन होती तो वीराने कहाँ जाते

**शकील बदायुनी**

अजीब सानिहा मुझ पर गुज़र गया यारो
मैं अपने साये से कल रात डर गया यारो

**शहरयार**

पत्थर को आईने से परखने लगे हैं लोग
इस दर्जा एहतियात बरतने लगे हैं लोग

**शहरयार जलालपुरी**

ग़ज़ल उसने छेड़ी मुझे साज़ देना
ज़रा उम्र-ए-रफ़्ता को आवाज़ देना

**सफ़ी लखनवी**

पुकारे माँ तो क़दम यूँ बढ़ाओ माँ की तरफ़
कि जैसे कोई नमाज़ी बढ़े अज़ाँ की तरफ़

**ज़मीर दरवेश**

क़समें कभी न मिलने की मैंने भी तोड़ दी
उस ने मिरे लबों पे जब आँखें निचोड़ दी

**अब्दुल्लाह राही**

अदब के गुलसिताँ में वक़्त की तस्वीर बन जाऊँ
ख़ुदा-या फ़िक्र दे ऐसी की मैं भी मीर बन जाऊँ

**उसमान अतरवलवी**

हम क़ैद हैं जहाँ वहाँ दीवार भी नहीं
रोशन मगर निकलने के आसार भी नहीं

**फ़राग़ रोहवी**

शाम-ए-फ़िराक़ ज़िक्र-ए-जवानी में कट गई
क्या रात थी जो एक कहानी में कट गई

**अज़ीज़ लखनवी**

ग़म के सीने में ख़ुशी की आग भरने दो हमें
ख़ूँ भरे परचम के नीचे रक़्स करने दो हमें

**अली सरदार जाफ़री**

बे फ़ैज़-ए-गर्दिश-ए-अय्याम याद आए मुझे
ख़ुदा के आज कई नाम याद आए मुझे

**फ़ारूक़ जायसी**

मर कर तिरे ख़्याल को टाले हुए तो हैं
हम जान दे के दिल को सँभाले हुए तो हैं

**फ़ानी बदायुनी**

बहुत पहले से उन क़दमों की आहट जान लेते हैं
तुझे ऐ ज़िन्दगी हम दूर से पहचान लेते हैं

**फ़िराक़-गोरखपुरी**

देर से नूर चला और हरम तक पहुँचा
सिलसिला मेरे गुनाहों का करम तक पहुँचा

**कृष्ण बिहारी नूर**

मैं ढूँढ़ता हूँ जिसे वो जहाँ नहीं मिलता
नई ज़मीन, नया आसमाँ नहीं मिलता

**कैफ़ी आज़मी**

मिरी आवाज़ का पत्थर निशाने से नहीं चूका
मैं ज़ालिम को कभी ज़ालिम बताने से नहीं चूका

**माहिर सीवहारवी**

मिरा ख़ुलूस हर इक शख़्स की नज़र में रहा
इसी लिए तो ज़माना मिरे असर में रहा

**मुईद रहबर**

किसी से हमने कोई बात भी छुपाई न थी
ये साफ़-गोई मगर हमको रास आई न थी

**मीर नज़ीर बाक़िरी**

वो चेहरे पर बिखेरे जब कभी गेसू निकल आए
ग़लतफ़हमी में दिन के वक़्त भी जुगनू निकल आए

**नाज़ प्रतापगढ़ी**

कहीं दिन गुज़र गया है कहीं रात कट गई है
ये न पूछ कैसे तुझ बिन ये हयात कट गई है

**डॉक्टर नसीम निकहत**

तू ने चाहा नहीं हालात बदल सकते थे
मेरे आँसू तिरी आँखों से निकल सकते थे

**नज़र एटवी**

समझते थे मगर फिर भी न रखीं दूरियाँ हमने
चराग़ों को जलाने में जला लीं उँगलियाँ हमने

**वाली आसी**

ये कहानी जो अधूरी है मुकम्मल कर दे
अपने सीने से लगा कर मुझे पागल कर दे

**असलम चिश्ती**

शे'र कहना किसी पत्थर को ज़बाँ देना है
एक गुमनाम मुसाफ़िर को मकाँ देना है

**अशहद ग़ज़नवी**

तू नहीं तो ज़िन्दगी में और क्या रह जाएगा
दूर तक तन्हाइयों का सिलसिला रह जाएगा

**इफ़्तिख़ार इमाम सिद्दीक़ी**

ये सोच के मैं कूचा-ए-क़ातिल में निडर था
मूसा जहाँ रहते थे वो फ़िरऔन का घर था

**अंजुम लखनवी**

दर्द के फूल भी खिलते हैं बिखर जाते हैं
ज़ख़्म कैसे भी हों कुछ रोज़ में भर जाते हैं

**जावेद अख़्तर**

सुर्ख़ियाँ पढ़ के इन अख़बारों की डर लगता है
सारा आलम किसी बारूद का घर लगता है

**ख़लीक़ऊज़्ज़मां नुसरत**

लफ़्ज़ों का रख-रखाव भी स्केल में नहीं
ख़ुशबू जो पहले ख़त में थी ईमेल में नहीं

**रेहान नासिर**

सादात नज़र-ए-गर्दिश-ए-हालात हो गए
हालात जिनके सुधरे वो सादात हो गए

**डॉक्टर शबिया अहसन काज़मी**

टूटती साँसों की हर इक लहर सन्नाटे में है
कर्फ़्यू लगते ही सारा शहर सन्नाटे में है

**आजिज़ हंगन घाटी**

मिलने के उस नगर में ठिकाने बहुत से थे
तुम दिल से चाहते तो बहाने बहुत से थे

**क़ैसरुल जाफ़री**

जहाँ कुछ फूल कुछ रिश्तों के दामन छोड़ आए हैं
बहुत पीछे वो कच्चे घर का आँगन छोड़ आए हैं

**वाली आसी**

अगर हम पर जुनूँ की कैफ़ियत तारी नहीं होती
तो फिर चट्टान से ये नहर भी जारी नहीं होती

**मुहिबुर्रहमान वफ़ा**

यक-ब-यक ऐसे कोई मिल के बिछड़ जाता है
गाँव जैसे कोई बस्ते ही उजड़ जाता है

**महबूब राही**

की इब्तिदा कलाम की जब तेरे नाम से
सरख़म किया क़लम ने बड़े एहतिराम से

**मोमिन हिन्दी**

हमारा सब्र उसे और आज़माने दो
वो अपने शौक़ से आता नहीं तो जाने दो

**डॉक्टर मिदहतुल अख़्तर**

आबला-पा कोई इस दश्त में आया होगा
वर्ना आँधी में दिया किस ने जलाया होगा

**मीना कुमारी नाज़**

दुनिया जिसे कहते हैं मिट्टी का खिलौना है
मिल जाए तो मिट्टी है खो जाए तो सोना है

**निदा फ़ाज़ली**

सावन का हुस्न दिल की तहों में उतर गया
मौसम तेरे बग़ैर भी अच्छा गुज़र गया

**नज़ीर फ़तेहपुरी**

वो शजर काटे गए हैं गाँव में
फ़ैसले होते थे जिनकी छाँव में

**नईम फ़राज़**

है धुआँ मंज़र ये मंज़र बाम-ओ-दर देखेगा कौन
जल रहा हो शहर ही सारा तो घर देखेगा कौन

**असर शिफ़ाई**

जब कोई तदबीर न सूझी अपनी जान बचाने की
शीशे ने हिम्मत कर डाली पत्थर से टकराने की

**अशोक मिज़ाज**

ख़ुशबू के साथ साथ उजाले भी आएँगे
तुम आओगे तो चाहने वाले भी आएँगे

**अंजुम बाराबंकवी**

ये कौन जा रहा है मिरा गाँव छोड़ के
आँखों ने रख दिए हैं समंदर निचोड़ के

**अंजुम रहबर**

आवारगी को रस्म जवानी समझ के हम
ढेरों शराब पी गए पानी समझ के हम

**क़ैसरुल जाफ़री**

तो क्या वो हमको हर इक जुर्म की सज़ा देगा
फिर अपने रहम-ओ-करम का सबूत क्या देगा

**जमीलुद्दीन आली**

किसी को अपने अमल का हिसाब क्या देते
सवाल सारे ग़लत थे जवाब क्या देते

**मुनीर नियाज़ी**

कल मैंने मुहिब्बत उसको अजब तौर से देखा
आँखों ने तो कम दिल ने बहुत ग़ौर से देखा

**मुहिब्ब आरफ़ी**

मुहब्बत करने वालों की हिमायत मैं भी करता था
हिमायत शर्त थी क्योंकि मुहब्बत मैं भी करता था

**डॉक्टर कलीम क़ैसर**

वो जो रूठें, यूँ मनाना चाहिए
ज़िन्दगी से रूठ जाना चाहिए

**जिगर**

हमारे ख़ून के प्यासे पशेमानी से मर जाएँ
अगर हम एक दिन अपनी ही नादानी से मर जाएँ

**अफ़ज़ल ख़ान**

हम तुम्हें बद्दुआ नहीं देंगे
इतनी लंबी सज़ा नहीं देंगे

**नुसरत अतीक़**

दिन ढल चुका था और परिंदा सफ़र में था
सारा लहू बदन का रवाँ मुश्त-ए-पर में था

**वज़ीर-आग़ा**

ज़बाँ ज़बाँ पे शोर था कि रात ख़त्म हो गई
यहाँ सहर की आस में हयात ख़त्म हो गई

**महताब ज़फ़र**

मुझको क्या देगा वो मेरी आरज़ू के नाम पर
ख़ुद तयम्मुम कर रहा है जो वज़ू के नाम पर

**डॉक्टर कलीम क़ैसर**

ला न सकता था जिसे कोई लब-इज़हार पर
जा-ब-जा लिखा गया वो शहर की दीवार पर

**जलील आली**

आसमानों से फ़रिश्ते जो उतारे जाएँ
वो भी इस दौर में सच बोली तो मारे जाएँ

**उम्मीद फ़ाज़ली**

तू जो हर जाई तो अपना भी यही तौर सही
तू नहीं और सही और नहीं और सही

**बिलाल, मिर्ज़ा मुहम्मद**

रफ़ीक़ों से रक़ीब अच्छे कि जल कर नाम लेते हैं
गुलों से ख़ार बेहतर हैं जो दामन थाम लेते हैं

**साजिद फ़हीम जाइसी**

कोई मुँह चूम लेगा इस नहीं पर
शिकन रह जाएगी यूँ ही जबीं पर

**रयाज़ ख़ैराबादी**

या रब कहीं से गर्मी-ए-बाज़ार भेज दे
दिल बेचते हैं कोई ख़रीदार भेज दे

**नवाब महर ख़ान रिंद**

लाए उस बुत को इल्तिजा कर के
कुफ़्र टूटा ख़ुदा ख़ुदा कर के

**दया शंकर नसीम**

जब वो मेरे क़रीब से हो कर गुज़र गए
कुछ ख़ास दोस्तों के भी चेहरे उतर गए

**मुशीर झंझानवी**

तारीख़ के औराक़ में जो लोग बड़े हैं
उनमें से कुछ ऐसे हैं जो लाशों पर खड़े हैं

**नाज़िश प्रतापगढ़ी**

अभी आदाब-ए-नज़र आपको कम आते हैं
आईना हाथ से रख दीजिए हम आते हैं

**बास्त भोपाली**

साफ़ ज़ाहिर है निगाहों से कि हम मरते हैं
मुँह से कहते हुए ये बात मगर डरते हैं

**अख़्तर अंसारी**

पास कुछ है भी नहीं कहने को मुख़्तार हैं हम
किस क़दर दोहरी अज़ीयत में गिरफ़्तार हैं हम

**डॉक्टर कलीम क़ैसर**

ऐ शम्मा तुझ पे रात ये भारी है जिस तरह
मैंने तमाम उम्र गुज़ारी है इस तरह

**नातिक़ लखनवी**

वहाँ पहुँच के ये कहना सबा सलाम के बाद
कि तेरे नाम की रट है ख़ुदा के नाम के बाद

**आसी ग़ाज़ीपुरी**

हर क़दम पर नित-नए साँचे में ढल जाते हैं लोग
देखते ही देखते कितने बदल जाते हैं लोग

**हिमायत अली शायर**

हम करें बात दलीलों से तो रद्द होती है
उनके होंठों की ख़मोशी भी सनद होती है

**मुज़फ़्फ़र वारसी**

हम तो साहिल से चले प्यास का तोहफ़ा लेकर
अब ज़माना हमें ढूंढ़ा करे दरिया लेकर

**मजीद-उल-हसन अक़्म लखनवी**

आरज़ू ये है कि इस तरह से दिन रात कटे
जितनी बाक़ी है मेरी उम्र तिरे साथ कटे

**ख़्वाजा शौक़**

ये कह दो जा के वाइज़ से अगर समझाने आए हैं
कि हम दैर-ओ-हरम से हो के फिर मयख़ाने आए हैं

**कृष्ण चंदर हैरत**

इस सोच में बैठे हैं झुकाए हुए सर हम
उठे तेरी महफ़िल से तो जाएँगे किधर हम

**सिराज लखनवी**

जिसको तिरी आँखों से सरोकार रहेगा
बिलफ़र्ज़ जिया भी तो वो बीमार रहेगा

**नवाब मोहब्बत ख़ान मोहब्बत**

मौसम की अगर गाँव से रंजिश नहीं होती
खेतों में फ़क़त धूप की बारिश नहीं होती

**नोमान शौक़**

ज़मीं ख़रीद के सूद-ओ-ज़ियाँ निकालेगा
मकाँ बनाने से पहले दुकाँ निकालेगा

**डॉक्टर साजिद गाज़ीपुरी**

इस बार तशद्दुद का ये अंजाम हुआ है
इंसाँ को जलाने का चलन आम हुआ है

**मेराज अहमद मेराज**

ये मुहब्बत है बन्द ग़ार मियाँ
हो रहे हो कहाँ फ़रार मियाँ

**अफ़ज़ल ख़ान**

देर लगी आने में तुमको शुक्र है फिर भी आए तो
आस ने दिल साथ न छोड़ा वैसे हम घबराए तो

**अंदलीब शादानी**

निगाह-ए-शौक़ से तादेर हैरानी नहीं जाती
शबाब आया तो ज़ालिम शक्ल पहचानी नहीं जाती

**नुशूर वाहिदी**

नज़र को पाक किया फ़िक्र को बुलंद किया
दिलों को तेरी मुहब्बत ने दर्द मंद किया

**जमील मज़हरी**

यहाँ किसी को भी कुछ हस्ब-ए-आरज़ू न मिला
किसी को हम न मिले और हमको तू न मिला

**नामालूम**

रौ में आए तो वो ख़ुद गर्मी-ए-बाज़ार हुए
हम जिन्हें हाथ लगाकर ही गुनहगार हुए

**ज़फ़र इक़बाल**

मुझको मेरे शिकस्त की दोहरी सज़ा मिली
तुझसे बिछड़ के ज़िन्दगी दुनिया से जा मिली

**साक़ी फ़ारूक़ी**

बावफ़ा निकलेगा वो या बेवफ़ा हो जाएगा
हम रहे ज़िन्दा तो ये भी फ़ैसला हो जाएगा

**रेयाज़ मजीद**

न पूछ कैसे गुज़रती है ज़िन्दगी ऐ दोस्त
बड़ी तवील कहानी है फिर कभी ऐ दोस्त

**सादिक़-उल-क़ादरी**

जाने शेख़ को शब क्या सूझी रिंदों को समझाने आए
सुबह को सारे मयकश उनको मस्जिद तक पहुँचाने आए

**अरशद काकवी**

यही नहीं कि मिरा दिल ही मेरे बस में न था
जो तू मिला तो मैं ख़ुद अपनी दस्तरस में न था

**सरवर बाराबंकवी**

न जाने इस क़दर क्यों आप दीवाने से डरते हैं
चराग़-ए-अंजुमन हैं और परवाने से डरते हैं

**अफ़सर माहपुरी**

घर से बाहर भी निकलते हैं तो जाँ जाती है
ले के ज़हरीली हवा हमको कहाँ जाती है

**सैफ़ बाबर**

हर एक रस्म हर इक क़ैद तोड़ दी मैंने
कभी शराब घटा देखकर न पी मैंने

**कैफ़ भोपाली**

तो क्या वो हमको हर इक जुर्म की सज़ा देगा
फिर अपने रहम-ओ-करम का सबूत क्या देगा

**जमील-उद्दीन-आली**

तशद्दुद को नया इक मोड़ देगा
वो मेरा नाम उस में जोड़ देगा

**मुजीब अख़्तर**

क्या आ गया ख़याल-दिल-ए-बेक़रार में
ख़ुद आशियाँ को आग लगा दी बहार में

**जिगर मुरादाबादी**

हमारे ख़ून के प्यासे पशेमानी से मर जाएँ
अगर हम एक दिन अपनी ही नादानी से मर जाएँ

**अफ़ज़ल ख़ान**

सफ़ेद-ओ-सुर्ख़ सब्ज़-ओ-ज़ाफ़रानी होती जाती है
मुहब्बत रफ़्ता-रफ़्ता इक कहानी होती जाती है

**नुसरत अतीक़**

र सदा इन्साफ़ की बेबस सदा बनती गई
ए ख़ुदा तेरी ज़मीं क्यों कर्बला बनती गई

**सलीम बेताब**

दिन ढल चुका था और परिंदा सफ़र में था
सारा लहू बदन का रवाँ मुश्त-ए-पर में था

**वज़ीर-आग़ा**

ज़बाँ ज़बाँ पे शोर था कि रात ख़त्म हो गई
यहाँ सहर की आस में हयात ख़त्म हो गई

**महताब ज़फ़र**

इक परिंदे ने मुझे अब ये नसीहत की है
लौट कर आया नहीं जिसने भी हिजरत की है

**अब्बास ताबिश**

हौसला ग़म का यूँ बढ़ाया कर
आँख भीगे तो मुस्कुराया कर

**मंसूर उसमानी**

दीवाने की नज़रों को जहाँ देख रहा है
दीवाना ख़ुदा जाने कहाँ देख रहा है

**क़मर मुरादाबादी**

हम आज में भी कल के आदाब देखते हैं
ताबीर आप जानें हम ख़्वाब देखते हैं

**शहपर रसूल**

मुझको क्या देगा वो मेरी आरज़ू के नाम पर
ख़ुद तयम्मुम कर रहा है जो वज़ू के नाम पर

**डॉक्टर कलीम क़ैसर**

वो अलम कशों का मिलना वो निशात-ए-ग़म के साए
कभी रो पड़ा तबस्सुम कभी अश्क मुस्कुराए

**अंदलीब शादानी**

सभी हो रंज में डूबे तो गुनगुनाए कौन
उदासी दिल में लिए महफ़िलें सजाये कौन

**सैफ़ बाबर**

ये काम करते कोई और काम से पहले
चिराग़ ढूँढ़ के रख लेते शाम से पहले

**हलीम साबिर**

बददुआ उस ने मुझे दी थी दुआ दी मैंने
उसने दीवार उठाई थी गिरा दी मैंने

**शहपर रसूल**

ज़िन्दगी तुझसे हमें कोई गिला ही कब है
हमने जीने की तरह तुझको जिया ही कब है

**मुजाहिद फ़राज़**

ज़मीं से उगती है या आसमाँ से आती है
हमारे मुल्क में नफ़रत कहाँ से आती है

**डॉक्टर हाज़िक़ फ़रीद**

ज़ौक़-ए-सज्दा दे मगर दुनिया से बेज़ारी न दे
मैं हूँ इंसाँ मुझको ज़ाहिद की रियाकारी न दे

**अंजुम अज़ीमाबादी**

किसी सूरत कोई सूरत निकालो
मुझे बे-मौत मरने से बचा लो

**वकील अख़्तर**

क़त्ल का इल्ज़ाम उस के सर लगे
अपने साये से भी जिसको डर लगे

**हामी गोरखपुर**

दीवार किस के पास है दर किस के पास है
आबाद सारा शहर है, घर किस के पास है

**नस्र ग़ज़ाली**

सिमटे हुए परों को किसी दिन मैं खोल के
उड़ जाऊँगी फ़िज़ाओं के तेवर टटोल के

**शहाज़ नबी**

मेरी आँखें पढ़ कर देखो आँखों में हैं ख़्वाब बहुत
दरिया कितने छोटे छोटे लेकिन हैं सैलाब बहुत

**सैफ़ बाबर**

इस से बढ़कर ग़म-ए-दौराँ तिरा हल क्या होगा
सोचना छोड़ दिया हमने कि कल क्या होगा

**बाक़िर रिज़वी**

ख़ुश्क होंठों पे मिरे अपने लब-ए-तर रख दे
मेरे साक़ी मेरे सहरा पे समंदर रख दे

**काज़िम जरोली**

ज़िन्दगी है यूँ ख़ाली, ज़िन्दगी के ख़्वाबों से
जैसे कोई तस्वीरें नोच ले किताबों से

**कैफ़ भोपाली**

आ गए हो तो ठहर जाओ सहर होने तक
हम भी ज़िन्दा हैं यही रात बसर होने तक

**हरीश आज़र बिजनौरी**

राम ने चौदह साल गुज़ारे लेकिन घर की आस लिए
हमको तो इक उम्र हुई है घर छोड़े बनवास लिए

**मुशीर झनझानवी**

बेसबब ठीक नहीं घर से निकल कर जाना
जुस्तजू हो कोई दिल में तो सफ़र पर जाना

**सईद आरफ़ी**

तुम कहते हो मेरी ज़मीं है देखो मेरी जान है ये
ख़ाक-ए-वतन में मिल जाते हैं मर कर अपनी शान है ये

**सैफ़ बाबर**

न तो फ़िक्र है मुझे दादरी, न तो बाबरी की तलाश है
मेरा हौसला जो बढ़ा गया उसी अजनबी की तलाश है

**डॉक्टर हाज़िक़ फ़रीद**

अज़ीज़ कहते हैं लेकिन हसद भी करते हैं
मुनाफ़क़ीन मुझे मुस्तनद भी करते हैं

**शहपर रसूल**

ग़मों का तज़किरा भी क्यों न ख़ुश हो कर किया जाए
ज़रूरी तो नहीं इज़हार-ए-ग़म रो कर किया जाए

**हलीम साबिर**

देखो चराग़-ए-दिल तो नहीं है किसी के साथ
आँधी में चल रहा है कोई रोशनी के साथ

**आग़ा सरोश**

वो सर-फिरी हवा थी सँभलना पड़ा मुझे
मैं आख़िरी चिराग़ था जलना पड़ा मुझे

**अमीर आग़ा ग़ज़ लिबाश**

ताल्लुक़ को हवा देती हैं अब भी
वो आँखें मुस्कुरा देती हैं अब भी

**फ़सीहुलकमल**

असर ज़बाँ में परवरदिगार आ जाए
मैं मुँह से फूल कहूँ और बहार आ जाए

**मुन्ने आग़ाज़ की**

तेरा चेहरा कितना सुहाना लगता है
तेरे आगे चाँद पुराना लगता है

**कैफ़ भोपाली**

इरादा हो अटल तो मो'जिज़ा ऐसा भी होता है
दिए को ज़िन्दा रखती है हवा ऐसा भी होता है

**क़मर गोंडवी**

वो बेवफ़ा है तो क्या मत कहो बुरा उस को
कि जो हुआ सो हुआ ख़ुश रखे ख़ुदा उस को

**नसीर तुराबी**

तोड़ डालीं सब हदें और मसला हल कर दिया
ख़ुद भी सौदाई बने, उस को भी पागल कर दिया

**ज़फ़र इक़बाल**

धूप में चल कर तो देखो तजुर्बा हो जाएगा
क़द तो बढ़ सकता नहीं, साया बड़ा हो जाएगा

**अंजुम जबलपुरी**

आपका इस रोशनी से काम तो चलता रहा
क्या हुआ जो घर हमारा रात-भर जलता रहा

**अशोक रावत**

परिंदे भी नहीं रहते पराए आशियानों में
हमारी उम्र गुज़री है किराए के मकानों में

**मोवल्लिस बरेलवी**

ख़ुद बख़ुद क़ातिल का सारा मसला हल हो गया
क़त्ल होते जिसने देखा था वो पागल हो गया

**शायर जमाली**

़फ़ ये सफ़र तवील ये छालों का सिलसिला
उस पर मिज़ाज पूछने वालों का सिलसिला

**रविन्द्र जैन**

हमसे क्या दरिया अगर लबरेज़ मयख़ाने में है
हम तो इतनी जानते हैं जितनी पैमाने में है

**नानक चंद इशरत**

आते रहे वो याद भुलाने के बाद भी
जाता रहा चराग़ बुझाने के बाद भी

**गोविंद गुलशन**

मेरे माथे से अगर ख़ून बहा है यारो
रास्ते से कोई पत्थर भी हटा है यारो

**क़ैसरुलजाफ़री**

मेरी साँसों से आती है भीनी भीनी आग की ख़ुशबू
जैसे जोगी की ध्वनि से उड़ती है बैराग की ख़ुशबू

**डॉक्टर मधूरीमा सिंह**

मेरी सारी ज़िन्दगी को बे-समर उस ने किया
उम्र मेरी थी मगर उस को बसर उसने किया

**मुनीर नियाज़ी**

दम-भर की हँसी, दम-भर की ख़ुशी, ये भी तो दिल-ए-नाकाम नहीं
इस चलती फिरती दुनिया में सब कुछ है मगर आराम नहीं

**फ़ज़ल नक़वी**

ज़रा सी जान कितनी ख़ाहिश-ओ-अरमान रखते हो
तुम इस काग़ज़ की कश्ती में बहुत सामान रखते हो

**आनन्द सरन निगम**

तुम्हारा शहर है, तुम जो कहो ब-जा है
वो हमारा सिर्फ़ ख़ुदा है मगर ख़ुदा है

**शहपर रसूल**

ज़र्द चेहरे से ये ज़ाहिर है कि दुश्वारी में है
ख़ुश्क पत्ता शाख़ से गिरने की तैयारी में है

**ख़ुशबीर सिंह शाद**

यादों की एक हाट सी लगती है शाम से
बिकते हैं मेरे ग़म-जहाँ गीतों के नाम से

**देवकी नन्दन शांत**

जाने वो कौन था और किस को सदा देता था
उस से बिछड़ा है कोई इतना पता देता था

**बानी देहलवी**

कासा-ए-दिल से लहू, आँखों से पानी ले गया
अपना क़िस्सा कह के वो मेरी कहानी ले गया

**सुलतान अख़्तर**

जो मयकदे में बहकते हैं लड़खड़ाते हैं
मिरा ख़्याल है वो तिश्नगी छुपाते हैं

**हयात वारसी**

मिलने की तरह मुझसे वो पल-भर नहीं मिलता
दिल उस से मिला जिससे मुक़द्दर नहीं मिलता

**नसीर तुराबी**

उसे भी अपने मसाइल में मुब्तिला न करो
उदास हो तो किसी दोस्त से मिला न करो

**सलाम मछलीशहरी**

इक ना इक शम्मा अँधेरे में जलाए रखिए
सुबह होने को है माहौल बनाए रखिए

**तारिक़ बदायुनी**

आँखों में तुम हो दिल में तुम्हारा ख़्याल है
मैं तुमको भूल जाऊँ बहुत ही मुहाल है

**ज़िया इलाहाबादी**

हो चुकी हिजरत तो फिर क्या फ़र्ज़ है घर देखना
अपनी फ़ितरत में नहीं पीछे पलट कर देखना

**ज़फ़र कलीम**

चिराग़ हाथ में था, तीर भी कमान में था
मैं फिर भी हार गई तू जो दरम्यान में था

**हुमैरा राहत**

ग़रीबी देखनी है तो चलो फिर गाँव चलते हैं
वहाँ कुछ लोग काँटों पर भी नंगे-पाँव चलते हैं

**आफ़ाक़ अंजुम**

दिल मेरा ऐ मेरे माबूद कुछ ऐसा बन जाए
जिससे इक बार मिलूँ चाहने वाला बन जाए

**शाहिद जमाल**

मैं उस को कम से कम अब याद करना चाहती हूँ
कोई मौसम नया ईजाद करना चाहती हूँ

**नरजिस अफ़रोज़ ज़ैदी**

बेवफ़ा से भी प्यार होता है
यार कुछ भी हो यार होता है

**पुरनम इलाहाबादी**

दीवाना बनाता है तो दीवाना बना दे
वर्ना कहीं तक़दीर तमाशा न बना दे

**बहज़ाद लखनवी**

अरे से "ऊ से", अबे से जनाब हो गए क्या
अभी तो अच्छे भले थे ख़राब हो गए क्या

**शहपर रसूल**

महदूद निगाही के सनम टूट रहे हैं
तारीक उजालों के भरम टूट रहे हैं

**हयात वारसी**

पेड़ अमरूद के जामुन के हों या आम के पेड़
फूलते फलते न हों जब तो वो किस काम के पेड़

**हलीम साबिर**

बात तर्क -ए-इश्क़ की इतनी पुरानी हो गई
हादिसा फिर वाक़िया फिर इक कहानी हो गई

**फ़ना निज़ामी**

डूबने वालों की फ़ेहरिस्त में भी नाम न हो
मेरे जैसा किसी तैराक का अंजाम न हो

**बाल स्वरूप राही**

मैं ही कश्ती भी हूँ, मल्लाह भी तूफ़ान भी हूँ
और अब डूब रहा हूँ तो परेशान भी हूँ

**शकील गोवालियारी**

वो आदमी नहीं है मुकम्मल बयान है
माथे पे जिसके चोट का गहरा निशान है

**दुष्यन्त कुमार**

कट ही गई जुदाई भी कब ये हुआ कि मर गए
तेरे भी दिन गुज़र गए मेरे भी दिन गुज़र गए

**अदीम हाश्मी**

शहर में किस से सुख़न रखिए किधर को चलिए
इतनी तन्हाई तो घर में भी है घर को चलिए

**नसीर तुराबी**

❑❑